Para Kent con mis mejores saludos Ricardo

GUIDE TO THE MAMMALS
OF SALTA PROVINCE, ARGENTINA

GUIA DE LOS MAMIFEROS
DE LA PROVINCIA DE SALTA, ARGENTINA

An Oklahoma Museum of Natural History Publication

GUIDE TO THE MAMMALS
OF SALTA PROVINCE, ARGENTINA

GUIA DE LOS MAMIFEROS DE LA
PROVINCIA DE SALTA, ARGENTINA

By Michael A. Mares, Ricardo A. Ojeda, and Rubén M. Barquez

Illustrated by Enrique Guanuco,
Patricia Capllonch de Barquez, and Norberto Giannini

University of Oklahoma Press : Norman and London

Library of Congress Cataloging-in-Publication Data

Mares, Michael A.
  Guide to the mammals of Salta Province, Argentina = Guía de los mamíferos de la Provincia de Salta, Argentina / by Michael A. Mares, Ricardo A. Ojeda, Rubén M. Barquez ; illustrated by Enrique Guanuco, Patricia Capllonch de Barquez, and Norberto Giannini. — 1st ed.
    p. cm.
  Bibliography: p.
  ISBN 0-8061-2187-4 (alk. paper)
  1. Mammals—Argentina—Salta (Province) I. Ojeda, Ricardo A. (Ricardo Alberto) II. Barquez, Rubén M. (Rubén Marcos), 1950- . III. Title. IV. Title: Guía de los mamíferos de la Provincia de Salta, Argentina.
QL725.A7M36 1989
599.0982′42—dc20   89-40219
                                                                              CIP

The paper in this book meets the guidelines for permanence and durability of the Committee on Production Guidelines for Book Longevity of the Council on Library Resources, Inc.♾

Dr. Claes Christian Olrog, 1912–1985

We dedicate this book to the memory of Dr. Claes Christian Olrog, naturalist, philosopher, professor, and friend, who withstood the slings and arrows of the ignorant and proved that a light will shine brightly, despite the weight of the surrounding darkness. Este es por vos, Viejo. Ganaste la guerra.

CONTENTS

INDICE DE MATERIAS

ACKNOWLEDGMENTS

Many people and organizations have helped make this book possible. For help in the field we thank Lynn Mares, Claes Olrog, Jorge Cajal, and Nuri Ovrusky. Janet Braun helped in many ways to organize the book. Kris Ernest and Leslie Nitikman assisted in locating measurements for many species. Sonya Johnson typed the manuscript. Dan Hough assisted in all phases of manuscript computerization. Cath Handford made the base map of the province. Enrique Guanuco (EG) illustrated most of the living mammals, while Norberto Giannini (NG) illustrated some living mammals and some of the skulls. Patricia Capllonch de Barquez and Rubén Barquez made most of the skull drawings. Financial and other types of assistance were provided by the Oklahoma Museum of Natural History, the Vice-Provost for Research Administration of the University of Oklahoma, an OU Associates Research/Creative Activity Award, the Carnegie Museum, the University of Pittsburgh, Instituto Miguel Lillo, the Fulbright Fellowship Program (CIES), and the University of Texas. The late Dr. W. Frank Blair made it possible for Michael Mares to first visit and work in Argentina, and his support for broad-based mammalogy helped begin our work in the northwest region. Finally, we thank the many people of Salta who always allowed us to collect on their land and frequently pointed out where the "bichos" were to be found.

GUIDE TO THE MAMMALS
OF SALTA PROVINCE, ARGENTINA

GUIA DE LOS MAMIFEROS
DE LA PROVINCIA DE SALTA, ARGENTINA

INTRODUCTION

INTRODUCCION

Salta Province lies in extreme northwestern Argentina between south latitudes 22° and 26° and west longitudes 62° and 66°. Its area, 155,000 square kilometers astride the Tropic of Capricorn, includes a variety of habitats ranging from moist tropical forests to deserts. Because it includes elements of the Andean and pre-Andean chains, elevation varies from 300 meters in the eastern lowlands to more than 6700 meters along the western border. The eastern portion of the province supports xeric thorn scrub, or chaco. This grades into transitional forest and moist forest in the low mountainous parts of east-central Salta. In the higher mountains farther west, a dry desert scrub known as precordillera vegetation replaces the forests at increasing elevations. Between the dry mountain chains of the west is the cactus-scrub monte desert. Finally, the westernmost parts of the province support the high desert, or puna, above 3400 meters on the broad Andean plain. Figs. 1–3 summarize aspects of the vegetation, climate, and topography of Salta. The major habitats are shown in Figs. 4–7.

As might be expected, this diverse region supports a wide variety of flora and fauna. Salta is a natural zone of geographical mixing between forest faunas on the north and aridland

La provincia de Salta se encuentra en el extremo noroeste de Argentina entre los 22° y 26° grados de latitud sur y 62° y 66° grados de longitud oeste. Su área de 155.000 kilómetros cuadrados cruzada por el trópico de Capricornio, incluye una variedad de habitats que van desde bosques tropicales húmedos a desiertos. Debido a que incluye elementos de las cadenas Andinas y Preandinas, su topografía varía desde los 300 metros, en las tierras bajas del este, hasta alturas que exceden los 6700 metros a lo largo del margen occidental. En la porción oriental de la provincia se encuentra el bosque espinoso y arbustivo del Chaco. Desde allí hay una gradación hacia bosques de transición y bosques húmedos en la zona montañosa del centro este de la provincia. A medida que aparecen las montañas altas, el desierto arbustivo, conocido como vegetación de precordillera, reemplaza a los bosques. Entre las cadenas montañosas secas del oeste se encuentra el desierto de cactáceas-arbustivo del monte. Finalmente, en la región occidental de la provincia se encuentra el desierto de altura o puna, por encima de los 3400 metros, sobre la ancha planicie andina. Las Figuras 1–3 sintetizan numerosos aspectos de la vegetación, clima y topografía de Salta y los principales habitats pueden verse en las Figuras 4–7.

Fig. 1. Vegetation of Salta Province: chaco (open stars); puna (diagonal lines); transitional forest (horizontal lines); moist forest (dark shading); precordillera (light shading); monte desert (vertical lines). Vegetación de Salta: chaco (estrellitas abiertas); puna (líneas diagonales); bosque de transición (líneas horizontales); bosque húmedo (negro); precordillera (graneo fino); monte (líneas verticales).

faunas on the south. Moreover, many species reach their distributional limits within the province, which is part of a region having a fascinating geological history. The generally flat, tropical plain that was the continent of South America for much of the Cretaceous period (when it was connected to Africa, Antarctica, and Australia) was cast adrift from the larger southern continent, forming a huge island that slowly moved west

Como es de esperar, esta diversa región mantiene una amplia variedad de fauna y flora. Salta es una zona de mezclas geográficas. Allí confluyen la fauna de los bosques y la fauna de las zonas áridas. Varias especies alcanzan sus límites máximos de distribución en esta provincia, la cual es parte de una región con una fascinante historia geológica.

Durante gran parte del Cretácico, Sud América estaba unida con Africa,

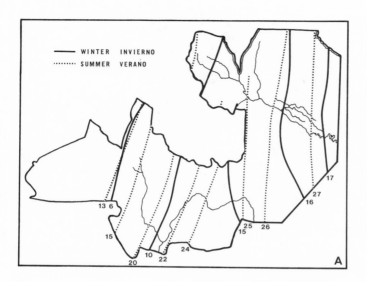

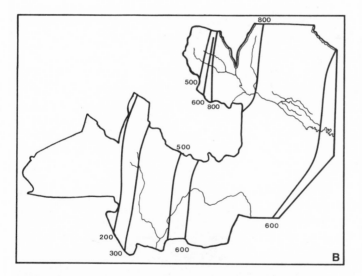

Fig. 2. Climate of Salta: (A) mean winter and summer temperatures; (B) annual precipitation. Clima de Salta: (A) promedio de temperaturas de invierno y verano; (B) precipitación anual.

Fig. 3. Topography of Salta: 200–500m (unshaded); 500–2000m (horizontal lines); 2000–4000m (light shading); > 4000m (dark shading). Topografía de Salta: 200–500m (blanco); 500–2000m (líneas horizontales); 2000–4000m (líneas diagonales); > 4000m (negro).

Fig. 4. Chaco vegetation. Vegetación chaqueña.

Fig. 5. Moist forest vegetation. Vegetación del bosque húmedo.

Fig. 6. Monte desert vegetation. Vegetación del monte.

Fig. 7. Puna vegetation. Vegetación puneña.

and north. During the succeeding 80 million years, its mammal fauna developed in relative isolation from that of the rest of the world. This led to a rapid evolution of many unusual types of mammals—groups seen nowhere else. As the South American geological plate was forced into the Pacific plate, about 30 million years ago, the Andes began to rise along the continent's western margin. This, plus the formation of the Atlantic Ocean as South America split away from Africa, led to a marked change in climate. New habitats appeared, including deserts, grasslands, thorn scrub, and high mountains. The rich mammal fauna that was present on the continent responded to the newly

Antartida y Australia, hasta que se separó, formando una gran isla. Durante los siguientes 80 millones de años, su fauna de mamíferos se desarrolló en relativo aislamiento del resto del mundo. Esto condujo a una rápida evolución de sus mamíferos, grupos inusuales en otras zonas del planeta. A medida que la placa geológica sudamericana era forzada dentro de la placa del Pacífico, casi 30 millones de años atrás, los Andes comenzaron a elevarse a lo largo de las márgenes occidentales del continente. Sumado a esto, la formación del océano Atlántico, por la separación de Sud América de Africa, condujo a un marcado cambio en el clima. Nuevos habitats aparecieron,

available habitats and underwent another evolutionary explosion.

The great climatic changes of the Pleistocene, beginning about 3 million years ago and with alternating periods of glacial advance and retreat, led to widespread extinctions on the continent. At the same time South America had become connected to North America with the uplifting of what is now Central America. This land connection between the two continents led to a great faunal interchange. Many southern species moved northward, and vice versa. Ultimately, a large number of these reached Salta, where many southern species had become extinct because of the wildly changing climate. There these northern invaders moved into unoccupied niches or developed into new species, each with its unique way of life.

Thus the mammal fauna of Salta today is a mix of those species with ancestors that developed in isolation on the continent (for example, armadillos, anteaters, many rodents and bats, marsupials) and those northern species that moved southward into the newly available continent (for example, deer, monkeys, many rodents, and carnivores). They coexist in a region of great diversity having a complex history.

Complicating the natural situation are the effects of human occupation of the province. The land has known primitive native tribes, the Incas, and Europeans. Wars have been fought there and modern civilization has left its mark on the landscape. Today modern jets approaching the capital

incluyendo desiertos, pastizales, ambientes de alta montaña y arbustivos espinosos.

La gran riqueza de mamíferos que se encontraba en el continente respondía a la disponibilidad de nuevos habitats, y es así que experimentaron otra explosión evolutiva. Los grandes cambios climáticos del Pleistoceno, comenzando unos tres millones de años atrás, con los alternados períodos de avance y retroceso de glaciares produjeron grandes extinciones dentro del continente. Al mismo tiempo, Sud América se había conectado a Norte América con el levantamiento de lo que ahora es América Central. Esta conexión de tierra dió lugar al gran intercambio faunístico. Muchas especies del sur se desplazaron hacia el norte y viceversa. Finalmente, un gran número de ellas alcanzaron Salta, donde muchas especies se habían extinguido debido a los fuertes cambios climáticos. Allí las especies invasoras del norte ocuparon nichos vacíos o evolucionaron en nuevas especies, cada una con su forma particular de vida. La fauna de mamíferos de Salta es entonces, una mezcla de aquellas especies cuyos ancestros evolucionaron aislados en el continente (por ejemplo, armadillos, osos hormigueros, numerosos roedores y murciélagos, marsupiales), y aquellas del norte que bajaron hacia el nuevo continente disponible para ser colonizado (por ejemplo, ciervos, monos, numerosos roedores y carnívoros). Ellos coexisten en una región de gran diversidad con una compleja historia.

La ocupación humana de la provincia ha complicado aún más su situa-

city fly over old gaucho paths in the wilderness that are still used by modern ranchers and farmers. The expanding human population, with its increasingly sophisticated technology, continues to push back the forests and hunt the animals. Many of the mammals of Salta Province are presently in retreat. It is doubtful that more than a few species will disappear from the province during our lifetimes, but strong measures are necessary if this marvelous fauna is to be preserved.

It is hard to protect a fauna that is largely unknown, and that was one of our reasons for writing this book. The people of Salta do not know how rich is their fauna, nor how the biological health of their province relates to their own success as colonizers of the land. Humankind is but one more species that ultimately may disappear from this colorful region. We hope that our work in the province will lead to a greater appreciation and understanding of the fauna. We hope, especially, that this book will stimulate people, both young and old, to study and protect their rich natural heritage.

This work is not definitive. On the contrary, it is only the first guide to the mammals of the province, and indeed, it is the first guide to the mammals of any of Argentina's provinces. Species new to the area will be found, as will species new to science. We desire only that our rather rudimentary effort will play a small part in the development of mammal research in the region. From the music of Los Chalchaleros and Jaime Davalos to the

ción natural; la tierra ha conocido tribus nativas primitivas, Incas y Europeos. Allí se han desarrollado guerras y la civilización moderna ha dejado su marca sobre el paisaje. Hoy, los modernos aviones jets llegan a la ciudad capital sobre las viejas huellas gauchas aún presentes. La gran expansión humana, con su cada vez más sofisticada y creciente tecnología, continúa disminuyendo los bosques y animales. Son muchas las especies que se encuentran actualmente en serio retroceso. Aunque el peligro de desaparecer de estas especies no es inmediato, fuertes medidas de protección se hacen necesarias para preservarlas.

Siendo difícil preservar una fauna de la que poco se conoce, hemos encontrado allí las razones y estímulos para escribir este libro. La gente de Salta desconoce la real riqueza de su fauna, y cuan correlacionada está la salud biológica del medio ambiente con su propio éxito como colonizadores de la tierra. El ser humano no es más que otra de las especies que últimamente desaparecerá de esta colorida región. Esperamos que nuestro trabajo en la provincia conduzca a una mayor apreciación y comprensión de la fauna; esperamos, especialmente, que este libro estimule a estudiar y proteger esta rica herencia natural.

Este trabajo no es definitivo, por el contrario, es la primera guía para la provincia y para cualquier otra provincia de Argentina. Nuevas especies para el área serán encontradas, como así también nuevas especies para la ciencia. Nosotros deseamos solamente

lovely colonial capital city of Salta, from the impenetrable and difficult chaco to the extensive Andean desert, the province is "la tierra más gaucha de Argentina," offering cultural, scenic, and biological treasures to all of us. This volume illustrates only one aspect of the richness of this beautiful province.

que nuestro casi rudimentario esfuerzo juegue al menos un pequeño papel en el desarrollo de la investigación mastozoológica de la región. Desde las voces de Los Chalchaleros y Jaime Dávalos hasta la amorosa y colonial ciudad capital, desde el Chaco, impenetrable y difícil, hasta el vasto desierto puneño, Salta, *la tierra más gaucha de Argentina*, ofrece tesoros culturales, escénicos y biológicos para todos nosotros. Este volúmen ilustra así, sólo un aspecto más de la riqueza de esta hermosa provincia.

The Study of Mammals

It will surprise many readers that Salta Province contains 114 species of mammals. Most species are difficult to observe, active only at night. Others are shy because of hunting pressures. Generally, we are offered only fleeting glimpses of mammals as they scurry across a road or fly overhead at night. Nevertheless, with patience it is possible to observe the mammals at close range. We mention some of the techniques available for the study of mammals here to allow an understanding of how the data in this book were gathered.

TRAPS AND TRAPPING

In order to study mammals, it is necessary to collect them. Larger animals can be collected by shooting, but collecting commonly is done using traps that entice an individual to enter (usually because bait is present) and then either kill the animal quickly or capture it alive and uninjured for study. Kill traps are of all sizes and types. They usually are used to capture relatively small species, such as rodents and marsupials, but live traps, depending on their size, can be made to capture animals as small as a mouse or as big as a large carnivore.

El Estudio de los Mamíferos

Para numerosos lectores, el número de especies de mamíferos que contiene la provincia de Salta (114) será sorprendente, debido a que la mayoría de ellas tienen hábitos que hacen difícil verlas. Muchas son sólo activas durante las horas de la noche, otras son ariscas debido a las fuertes presiones de caza que soportan. Generalmente sólo somos gratificados con un pantallazo de su presencia cuando cruzan un camino o sobrevuelan en la noche sobre nosotros. Sin embargo, con un poco de paciencia, es posible observar a algunos mamíferos desde muy cerca. En este trabajo mencionamos algunas de las técnicas que pueden emplearse para favorecer el entendimiento de como fueron obtenidos los datos que forman este libro.

TRAMPAS Y TRAMPEO

Para poder estudiar los mamíferos es necesario, en algún momento, coleccionarlos. Esto generalmente se hace con el uso de trampas y sebos especiales. Según el tipo, las trampas pueden matar rápidamente al animal o mantenerlo vivo para la realización de estudios posteriores. Las de captura muerta, de diferentes tipos y tamaños, son generalmente usadas para la captura de animales pequeños tales como la mayoría de los roedores y marsupiales. Las de captura viva, según sus dimensiones, pueden trampear animales desde el tamaño de una

Frequently such traps are in the form of a cage with a door that remains open until an animal enters. The door then swings shut and the animal remains in the trap. Bats generally are collected in "mist" nets that are set across paths in the forest, over streams, or in other areas where bats are likely to fly. Bats utilize an interior sonar that enables them to fly rapidly through the darkest forest without hitting trees or leaves because their ultrasonic sounds rebound off objects in their path and these reflected sounds are picked up by the bat. Mist nets are made of extremely fine nylon that sends back confusing echo signals to the bat. Some bats escape, but many become entangled in the nets, where they are held alive until the collector arrives.

laucha hasta el de un gran carnívoro. Frecuentemente, tienen forma de caja con una puerta que permanece abierta hasta que el animal entra en ella. Animales de gran tamaño pueden también ser coleccionados con armas de fuego. Los murciélagos se capturan con redes especiales de nylon, las que se extienden entre dos palos o soportes sobre arroyos, fuentes de agua, o en donde han sido previamente observados volando. Como éstos utilizan un sistema de sonar para detectar los objetos, pueden fácilmente volar entre los árboles y hojas de los bosques durante la noche sin chocarlos, debido a que sus sonidos ultrasónicos rebotan en los objetos y regresan a su sistema auditivo. Sin embargo, las redes son tan delgadas que las señales emitida por los murciélagos se hacen confusas hasta que finalmente son atrapados en ellas, pudiendo ser retirados vivos por el coleccionista.

MUSEUM COLLECTIONS

Depending on the kind of research underway, a mammal may be released alive after capture, or it may be prepared as a specimen to become part of a museum collection. It is important to realize that for many species there may be literally millions of individuals alive at any particular time. All the museums in the world contain only about five million mammals, which have been gathered during more than 200 years of research.

COLECCIONES DE MUSEOS

Según el tipo de investigación que se desarrolle, los animales pueden liberarse o sacrificarse para su preparación como especímenes de museo. Es necesario tener presente que los animales que se coleccionan para museos, representan una infinitamente pequeña fracción de los ejemplares que se encuentran vivos en la naturaleza en cualquier momento, y que todos los museos del mundo sólo contienen unos cinco millones de ejem-

Thus museum specimens represent only an infinitesimal fraction of the animals alive at any one time. The museum specimens represent our only record of the species that have been driven to extinction by commercial hunting or habitat destruction, the usual causes of extinction.

Museum collections are used for many types of research. They help us to understand the evolutionary relationships of species as well as their identities. They allow us to examine such things as growth and development, skeletal structure, muscle development, the pesticide history of an area, food habits, geographic distribution, and various parameters of the ecology of a species. They are the best record of the occurrence of a species at a given point in time and space. Large collections allow us to trace the history of the distribution of a species, its response to other species, and its success in coexisting with human beings. Some species are of economic importance to us because they are disease vectors or because they compete with us for crops. Museum collections allow us to correlate the vector with the disease organism and to place it correctly in nature. Without research collections our ignorance of natural history, ecology, biogeography, public health, and conservation would be great indeed. Museum collections and the research that is associated with them are the foundations of our views of nature. Without them there would be no field guides, no studies of behavior or ecology. They form the underpinnings of organismal biology.

plares de mamíferos, que han sido coleccionados en más de 200 años. Nuestro conocimiento sobre especies que se han extinguido o que están en vías de extinción como consecuencia de la caza indiscriminada o destrucción de los ambientes naturales, sólo ha sido posible gracias a los ejemplares que aún "viven" en los museos.

Las colecciones de museo son útiles para diferentes tipos de investigación, nos ayudan a comprender las relaciónes evolutivas entre especies y sus identidades, nos permiten examinar su crecimiento y desarrollo, estructura esqueletal, desarrollo muscular, el uso histórico de pesticidas en un área, hábitos alimenticios, distribución geográfica y numerosos aspectos de la ecología de una especie. Representan el más confiable registro de ocurrencia de una especie en un punto dado a lo largo del tiempo. Las grandes colecciones nos permiten interpretar la historia de la distribución de una especie, su relación con otras y su éxito en la coexistencia con el hombre. En las especies que son vectores de enfermedad o que compiten con el hombre por sus cultivos, las colecciones de museos nos permiten correlacionar el vector con el organismo enfermo y ubicarlo correctamente en la naturaleza. Sin colecciones de museos, nuestra ignorancia de la historia natural, ecología, biogeografía, salud pública y conservación, serían aún mayores. Las colecciones de museos y la investigación relacionada con ellas, constituyen uno de los fundamentos de nuestro conocimiento de la naturaleza. Sin ellas, no existirían guías de campo, ni estudios sobre comporta-

miento y ecología. Constituyen el fundamento del conocimiento de la biología de los organismos.

STUDY SKINS

When an animal has been collected by snap trapping or has been killed in order to prepare it for study, a collector follows a rigid procedure in order to make his or her data comparable to those collected by other scientists. The process involves: (1) using a catalogue to record data, (2) measuring, (3) skinning, (4) preparing the skin, (5) preparing the skull or entire skeleton, and (6) caring for the collection. We discuss each of these activities briefly here. For more information the reader should refer to a specialty publication.

Study skins generally are not used for exhibits because they are not designed to be lifelike. Rather, they are prepared in a utilitarian manner that allows for efficient long-term storage and permits easy examination of skin characteristics.

Using a catalogue and daily log. —All field biologists should keep an accurate and complete daily log of their scientific activities. Such a document allows one to record information on fauna and flora, draw collecting locality maps, permanently keep directions to collecting sites, and so on. Any information that is important to the observer should be listed, such as field trip associates, numbers and types of traps set, habitats sampled, animals caught, and other similar information. Never trust such information to memory, for memory is faulty,

PIELES PARA ESTUDIO

Todo coleccionista debe seguir un procedimiento rígido para preparar a un animal, de manera que sus datos sean comparables con los de otros científicos. El proceso comprende básicamente: 1) El uso de un diario de notas y un catálogo para el registro de datos; 2) mediciones del espécimen; 3) taxidermia; 4) preparación de la piel; 5) preparación del cráneo o esqueleto; y 6) cuidado de la colección. Aquí discutimos brevemente cada uno de estos aspectos para indicar aproximadamente el procedimiento que debe seguirse. Para mayor información, el lector deberá consultar literatura especializada.

Las pieles de estudio son preparadas de tal modo que permiten un eficiente almacenaje a largo tiempo y su manipuleo.

Uso del catálogo y diario de notas. —Todo biólogo de campo debe llevar un diario de notas en el cual se registren sus actividades científicas. Ese tipo de documento le permite registrar información sobre la fauna y la flora, sobre el modo exacto para llegar a una localidad de colección y otros aspectos relacionados y de importancia para el estudio que se esté realizando, nombre de los acompañantes, número y tipo de trampas colocadas, ambientes muestreados, especies capturadas, etc. No es conveniente dejar esa información sólo en la memoria, ya que ésta puede fallar y conducir a

if not this year, perhaps in three or four decades.

A daily log should be kept in permanent waterproof ink. Do not use ball point pens or non-permanent ink pens: artist's carbon-based ink should be used. A sample log sheet is shown in Fig. 8. The log will accompany a researcher throughout his or her life and ultimately should be deposited in the museum that has received the bulk of that person's collections.

A catalogue is distinct from a daily log. The catalogue lists all specimens collected and prepared by a biologist. Each specimen is assigned a number and numbers are listed consecutively. An exact location is given for the point of capture of the specimen, along with the date of capture. All specimens taken at that point and on that day are then listed consecutively. An example of a sample catalogue page is Fig. 9. Note that the locality is made to stand out from the rest of the data by wavy lines placed below. Note also that, although the specimens listed were taken on two different dates, they were from the same locality, thus the locality designation was not repeated. The collector's initials and the year are placed in the upper left corner of each page. No lines are skipped in the catalogue. If identification is uncertain, a pencil, rather than permanent ink, is used to note the genus or species. On each numbered line that corresponds to a specimen, the following information is listed: collector's catalogue number, sex (a ♂ for male and ♀ for female are used), genus, species, and measurements.

grandes errores de interpretación. El diario de notas debe escibirse con tinta permanente. No debe usarse bolígrafo o tinta común. Una hoja modelo de diario de notas se muestra en la Fig. 8. El diario de notas acompañará al investigador a lo largo de toda su vida y finalmente, debería ser depositado en el museo que ha recibido la mayoría de sus colecciones.

El catálogo es diferente del diario de notas. Allí se listan los ejemplares coleccionados y preparados por el biólogo. Cada ejemplar lleva un número y éstos son consecutivos. Cada localidad de captura debe indicarse lo más exacto posible, como así también la fecha de los ejemplares coleccionados. Todos los especímenes colectados en una localidad deben enumerarse consecutivamente. Un ejemplo de una hoja de catálogo se muestra en la Fig. 9. Obsérvese que la localidad aparece subrayada. Note además que, aunque los ejemplares fueron obtenidos en fechas diferentes, y como proceden de la misma localidad, ésta no se repite cada día. Las iniciales del coleccionista y año se escriben en la esquina superior izquierda de cada hoja del catálogo. Si la identificación de la especie es incierta, debe escribirse con lápiz para facilitar su posterior corrección. En cada línea correspondiente a un especímen debe anotarse la siguiente información: Número de catálogo del coleccionista, sexo (♂ para macho y ♀ para hembra), género, especie, medidas (ver Fig. 9).

Cada individuo debe etiquetarse antes de ser taxidermizado, como así tambíen su cráneo inmediatamente después de ser extraído de la piel. La

M.A.Mares
1976

9 Sept. 1976

Right now we're in extreme NE Salta at the end
of the road near Santa Maria, which is along the Rio Pilcomayo.
The area is very dry chaco, with many cacti; little
ground vegetation, few tall trees — although _Prosopis_
is abundant.

After spending the night in Tartagal, we gassed
up, bought a machete (mine bounced out of the truck
and was lost), and headed into northeast Salta.
We are very low on money now and cannot afford to
waste gas. We may not have enough money for gas
to return to Salta. The problem is that the roads in
this section are unmarked tracks. It was cloudy
yesterday and we drove for 10 hours before winding
up only 30 km N of where we had started! It was
impossible to tell direction and our compass is broken —
hence the hegira. The road was so bad that a coke bottle
ruptured a gas can, and our main gas-tank split and
started leaking gas into the cab. We patched it with
soap, gum and tape. After spending last night near
Aguaray, we're on our way into the chaco again.

Today we had sunshine and managed to navigate to
Santa Maria, our goal. We are at the junction of Bolivia,
Paraguay, and Argentina. Since we are out of money to buy
food, we've been eating whatever comes along, armadillos,
rodents, birds, etc. We've collected _Chaetophractus vellerosus_ and seen
Mazama gouazoubira. Our bat nets supply bird stew.

Hunters in this area say they collect _Felis oncolor_,
Dusicyon griseus, _D. gymnocercus_ and _Didelphis
albiventris_. We've found shells of _Tolypeutes_ and _Euphractus_.

Fig. 8. Sample sheet of daily log. Muestra del diario de notas.

MAM
1976

Argentina: Salta Prov., Santa Maria, extreme NE of province
                    1 October 1976

3119.   Tamandua tetradactyla
Argentina: Salta Prov., 4 km NE Santa Victoria, extreme NE of province

2 October 1976

3120. ♀ Phyllotis griseoflavus	170-[50]-27.3- 22.7 ≡ 62
3121. ♀ Phyllotis griseoflavus	283-155-27.6-24.3≡ 63
3122. ♀ Phyllotis	298- 166-27.1 - 24.1≡ 61
3123. ♀ Pedidagus salinicola	450- 21-102.4- 58.4≡2300

3 October 1976

3124. ♂ Phyllotis griseoflavus	230-[106]- 28 - 26.6≡ 79
3125. ♂ Phyllotis griseoflavus	213- 125-25.5-21.6≡ 38
3126. ♂ Phyllotis griseoflavus	307- 168-28.4-24.4 ≡ 111
3127. ♀ Phyllotis griseoflavus	233-146-26.4-25.6≡ 61
3128. ♂ Calomys laucha	134- 60-14.5-13.9 ≡ 18
3129. ♀ Calomys laucha	125- 56- 14.8- 15.6 ≡ 18

Argentina: Salta Prov., 6 km SW Santa Victoria at "El Breal", extreme NE of province

4 October 1976

3130. ♀ Didelphis albiventris	617-322- 48.5 - 56.8≡ 1900
3131. ♀ Holochilus brasiliensis	328-162-39.3- 20.8≡ 136
3132. ♂ Holochilus brasiliensis	326-160-39.7-22.8≡ 118
3133. ♀ Holochilus brasiliensis	291- [135]- 37.9-20.9≡ 116
3134. ♂ Oryzomys longicaudatus	232- 132-23.5-17.8≡28.5
3135. ♀ Oryzomys longicaudatus	239- 139- 23.1-18.2 ≡ 33
3136. ♂ Oryzomys longicaudatus	220- 129- 24.6- 19.3 ≡ 30.5

Fig. 9. Sample catalogue sheet. Muestra del catálogo.

Each individual is tagged before skinning, and its skull and carcass (if the latter is saved) are tagged immediately after skinning. The skin label is prepared as in Fig. 10. It shows the etiqueta para la piel debe escribirse como se muestra en la Fig. 10. Contiene la siguiente información: sexo del animal, su número en el catálogo, nombres del coleccionista y del pre-

sex of the animal, its catalogue number, the name of the collector or preparator, the exact locality of collection, the measurements, and the date of capture, with the month spelled out. The skull and carcass labels are alike (Fig. 11) and contain only the collector's initials, the sex of the animal, and the catalogue number. All writing on the labels is made in permanent ink.

The labels should be prepared before skinning begins, and the skin label should be attached with a square knot (Fig. 12) on the right rear ankle of the specimen immediately after measurements have been taken.

Measuring.—All collectors take five standard measurements on each specimen: total length, tail length, hind foot length, ear length, and weight. The five measurements are always listed in that order and are always in millimeters. For bats, a sixth measurement, forearm length, often is taken, but this measurement can be determined easily from museum specimens.

Total length is measured from the tip of the nose to the bony tip of the tail (see Fig. 13 for illustrations of measurements). Tail length is taken from the bony tip of the tail to where the tail bends naturally at the backbone. Hind foot length is taken from the heel to the tip of the longest toenail. Ear length is measured from the tip to the notch. Weight is measured in grams (or in kilograms for large mammals). In bats the forearm measurement is from the elbow to the wrist. The standard measurements are always written on labels and in

parador, localidad exacta de colecta, medidas y fecha no abreviada. Las fichas para cráneo (Fig. 11) llevan las iniciales del colector, sexo del animal y número de catálogo correspondiente a la piel. Todo esto debe escribirse con tinta permanente.

Las etiquetas deben prepararse antes de comenzar con la tarea de disección y atarse en cada espécimen en la pata derecha cerca de la rodilla, asegurándolo con un nudo cuadrado (Fig. 12), inmediatamente después de haberse tomado las medidas del ejemplar a preparar.

Medidas.—Todos los coleccionistas toman cinco medidas estandard para cada espécimen (para murciélagos se toma una medida más). Estas se toman siempre del mismo modo y se anotan en el mismo orden: longitud total, longitud de la cola, longitud de la pata posterior, longitud de la oreja y peso (ver Figs. 9 y 10). Las cuatro primeras indican milímetros y la última indica gramos. La medida adicional para murciélagos es el antebrazo y generalmente es también registrada en la etiqueta, aunque es fácil sacar la medida de una piel ya preparada. La longitud total se mide desde la punta del hocico hasta el extremo distal de la cola; la cola, desde la base de inserción en el cuerpo hasta la punta; la pata posterior, desde el talón hasta el extremo distal de la uña más larga, y la oreja, desde la escotadura hasta el extremo del pabellón. En los murciélagos, el antebrazo se mide desde el codo hasta la muñeca (ver Fig. 13). Las mediciones se realizan con regla milimétrica o calibre vernier.

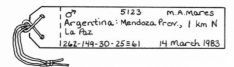

Fig. 10. Skin label. Etiqueta para la piel.

Fig. 11. Skull and carcass label. Ficha para el cráneo y el cuerpo.

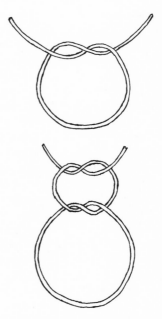

Fig. 12. How to tie a square knot. Como hacer un nudo cuadrado.

the catalogue in the same order (Figs. 9, 10). A millimeter rule or caliper is used for the measurements.

Preparing the skin.—An animal is skinned by making an incision of about one-third the length from the anus to the throat, starting near the genital area in the midline of the ventrum. All steps are shown in Figs. 14–16. The skin is gently peeled away from one hind leg until the ankle is reached. The leg is then clipped off with a scissors, leaving the foot bones inside the skin. The same

Taxidermia.—La taxidermia (Figs. 14–16) se realiza haciendo una incisión cerca del área genital, en la línea media del vientre, de aproximadamente un tercio de la longitud entre el ano y la garganta. La piel es suavemente separada del músculo de una de las patas hasta que puede alcanzarse la rodilla; luego se corta la pierna con una tijera dejando los huesos de la pata dentro de la piel. Se repite el procedimiento en la otra pata. En este momento deben cuidadosamente cortarse los conductos genitales

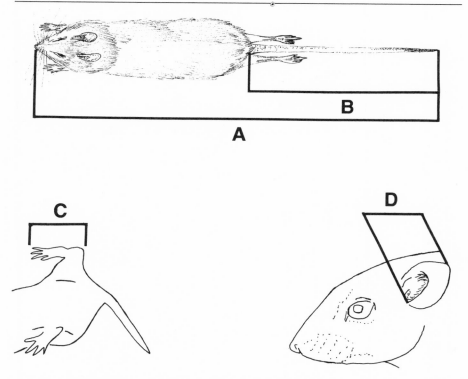

Fig. 13. Standard measurements of a mammal: (A) total length; (B) tail length; (C) hind foot length; (D) ear length. Medidas estandard para cada específimen: (A) largo total; (B) largo de la cola; (C) largo de la pata posterior; (D) largo de la oreja.

procedure is carried out on the opposite leg.

At this point the genitals are carefully cut away from the skin and the anus is also cut. (During all skinning procedures, a dessicant such as cornmeal or finely ground sawdust can be used to absorb liquids and make the procedure simpler.)

The bony base of the tail is grasped firmly between the nails of the thumb and index finger of one hand and the tail sheath of skin is held by the finger-

y anal. Durante todo el proceso de taxidermia es conveniente el uso de maíz molido fino para absorber los líquidos y sangre que pueden manchar la piel, y hacer el procedimiento más simple. Luego se toma la base de la cola con las uñas del pulgar e índice de una mano y se retira la piel suavemente con la otra hasta que queda liberada. Una vez desprendida la parte posterior de la piel, se desprende el resto y se procede con las patas anteriores del mismo modo que se hizo

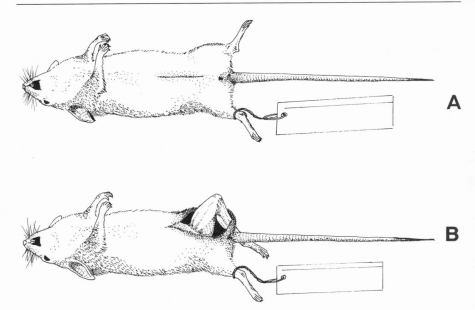

Fig. 14. Initial steps in preparing a study skin: (A) incision; (B) freeing hind limbs. Etapas iniciales en la preparación de una piel: (A) incisión; (B) despelando las piernas posteriores.

nails of the other hand. A gentle but firm pressure will slide the tail out of the sheath.

The skin is now worked forward over the body to the forelegs in the same manner that a tight sweater might be removed. At the forelegs the skin is worked down to the wrists and the legs are clipped off.

The skin is then worked over the head. Each ear must be clipped at the base, close to the skull. Similarly, the skin covering the eyes must be clipped close to the skull. The skin is then worked forward to the cheek region, where some small muscles will probably need to be cut along the

con las posteriores. Al llegar a la cabeza, se cortan las orejas por su base cartilaginosa, muy cerca del cráneo; igual procedimiento se sigue con los ojos. Una vez que se han cortado las orejas y los ojos, se sigue desplazando la piel hasta llegar a la boca; en este punto, se cortan cuidadosamente los músculos a lo largo de la boca y al llegar al hocico se corta el cartílago nasal evitando dañar los huesos nasales. Ahora la piel está completamente separada del cuerpo y el procedimiento a seguir es el rellenado. Antes de comenzar con la etapa de rellenado, la piel debe limpiarse de todo resto de músculo, grasa y sangre que pudiera

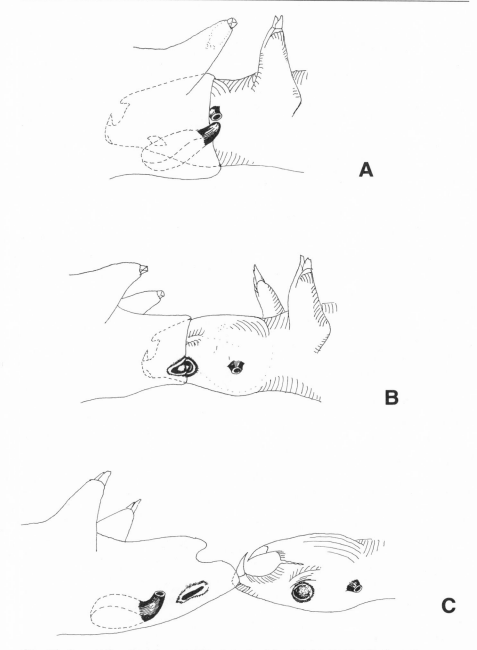

Fig. 15. Succeeding steps in preparing a study skin: (A) freeing forelimbs and ears; (B) freeing eyes; (C) freeing nose. Próximas etapas en la preparación de una piel: (A) separando patas anteriores; (B) separando la piel de los ojos; (C) separando la piel del cartílago nasal.

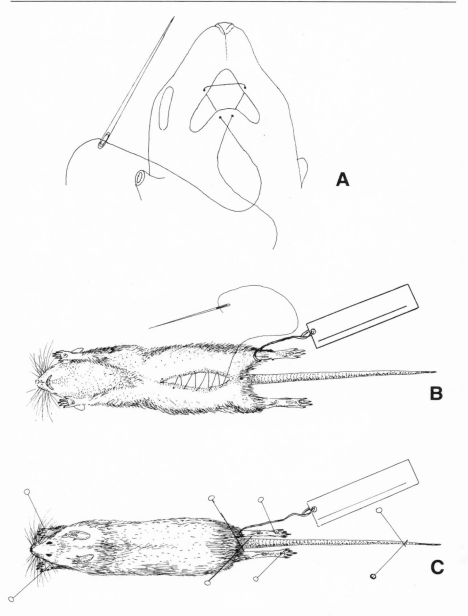

Fig. 16. Final steps in skin preparation (after cotton has been inserted): (A) sewing the mouth; (B) sewing the abdomen; (C) pinning the animal. Etapas finales en la preparación de una piel (después que se ha rellenado con algodón): (A) cosiendo la boca; (B) cosiendo el vientre; (C) colocando los alfileres.

snout. Finally, the skin is worked forward to the tip of the nose, where care must be taken to clip the skin away from the body by cutting through the nasal cartilage and not the nasal bones.

The skin now will be completely inside out. It should be rolled in the dessicant, then turned right side out. At this point it can be cleaned of any dirt or other material that might have adhered to it. The skin now is ready for stuffing.

High-quality cotton is rolled into a body form about the same size as the animal being skinned. The cotton is placed inside the skin, completely filling it. Stiff, fine wire that is corrosion-resistant then is placed in each leg (and the tail) all the way to the feet in order to stiffen the legs and protect them from breakage. The tail wire should be moistened lightly and finely wound with cotton to allow the tail sheath to be filled completely. All wires are inserted after the cotton has been placed in the skin. After all four legs have been reinforced, the animal is sewn up with a needle and thread. See Fig. 16 for stuffing procedure. The skin now is ready for pinning and drying.

The specimen is pinned onto a cardboard or another surface that is soft enough for the pins to penetrate yet stiff enough to retain the pins once they are pushed into it. The animal is aligned straight from nose to tail. A pin is placed through each forepaw (palms facing downward), and these are pinned close to the body without unduly stretching

quedar adherido.

Para rellenar, se toma un pedazo de algodón arrollado de tamaño y forma similar al de la piel, se introduce cuidando llenarla completamente desde el hocico hacia atrás con la ayuda de una pinza suficientemente larga. Debe tenerse a mano alambre duro y delgado que se introduce en cada pata y en la cola. El de la cola se envuelve con algodón deflecado en la mitad que corresponde al lado del cuerpo, dejándose libre la porción que corresponde a la punta. Es necesario tener en cuenta que los alambres deben colocarse después del algodón. Ahora la piel está lista para ser cosida. Luego se coloca al animal alineado sobre una plancha de cartón prensado (u otro material suficientemente blando y resistente), y se pincha cada pata unida al cuerpo y alineada a él, con las palmas hacia abajo y sin estirarlas; la cola se fija con dos alfileres cruzados sobre ella en la parte basal y en la punta. Una vez fijo en el cartón prensado, se deja secar evitando su exposición directa a los rayos del sol y a los insectos, especialmente de moscas, durante varios días.

Preparación de ejemplares en líquido.—El cuerpo, al que se le ha adicionado también una etiqueta con el número correspondiente, se coloca en formol al 10% y posteriormente se trasvasa a alcohol 70%, o se deja secar para posteriormente preparar el esqueleto. El cráneo y esqueleto deben limpiarse preferentemente con el uso de derméstidos (coleópteros) cuyas larvas comen la carne sin dañar los huesos.

Cuidado de las colecciones.—Las

them. Pins are then placed crosswise at the base of the tail and at the tip. Finally, the hind feet are pinned, palms down, alongside the tail. The animal then is combed with a small brush and set aside to dry. Do not place it in direct sunlight, and prevent insects of any type from having access to the skin. The skin should dry for several days (depending on local humidity) before being placed in a holding cabinet.

Preparation of specimens in spirits.—The skull, which was tagged with the label corresponding to the skin tag as soon as the skin was removed, is set aside to dry in an area free from insects. The carcass, also tagged as soon as the skin was removed, is either placed in 10% formalin, for later transfer to 70% alcohol, or is set aside to dry (if one desires to keep the skeleton).

Skulls and skeletons are later cleaned of tissue by placing them in dermestid colonies. The dermestid beetle larvae feed on meat and leave the bones undamaged.

Caring for the collection.—Care of collections demands a great deal of time and effort, from the initial field trip to capture the animal to the time spent trapping and preparing, through the cleaning of the skull. Generally, collections should be cared for by museum professionals. When the skull, skeleton, and skin are catalogued into a museum collection, all are given a museum catalogue number different from the collector's number, and this number is written on the skin label and on the skull and skeleton bones, including the man-

colecciones de museos deben ser cuidadas por profesionales. Su mantención requiere un gran esfuerzo, desde el viaje inicial de colecta, el tiempo para la preparación de las pieles y la limpieza de esqueleto y cráneo. Una vez que la colección entra al museo, debe ser numerada (piel, cráneo y esqueleto) siguiendo los números consecutivos disponibles, cada ejemplar con un número diferente (Fig. 17). Cada parte de un mismo animal lleva el mismo número (cráneo, piel y esqueleto), siendo el de la colección diferente al del colector. El número de colección se escribe sobre la etiqueta de la piel, huesos esqueléticos, cráneo y mandíbula. Las etiquetas que vienen con la piel no deben reemplazarse por otras y de ser necesario se adicionan etiquetas nuevas, sin retirar las anteriores. Una vez finalizado el proceso de catalogado las pieles deben fumigarse antes de ser colocadas en la colección principal. Así, las pieles están listas para su utilización por profesionales y estudiantes calificados y se transforman, de ese modo, en la base de estudio para generaciones de científicos, estudiantes y naturalistas. Esto constituye el registro irreemplazable del estatus y ocurrencia de una especie particular en tiempo y espacio.

dible. The skin is fumigated and en-
tered into the museum's main collection (Fig. 17), where skins are given
permanent care by professionals dedicated to their preservation and to
their use by qualified scholars. The
specimens then become the founda-
tional data for generations of scientists, scholars, and naturalists, the ir-
replaceable record of the occurrence
and status of an individual of a particular species at a specific point in
time and space.

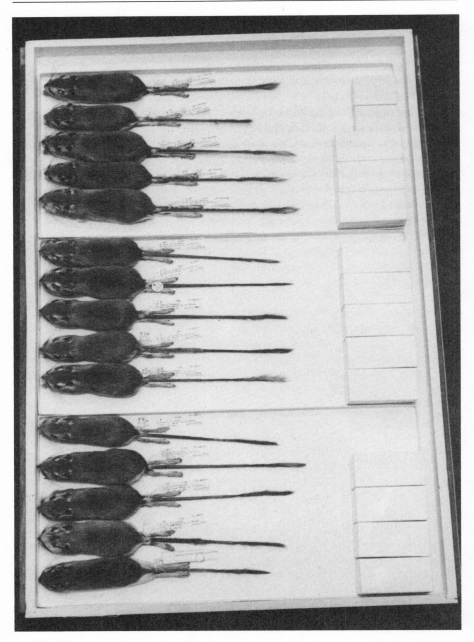

Fig. 17. A drawer of skins and skulls of catalogued specimens in the Oklahoma Museum of Natural History, University of Oklahoma, Norman. Cráneos y pieles catalogados y guardados en el Museo de Oklahoma de Historia Natural, Universidad de Oklahoma, Norman.

KEY TO THE ORDERS OF MAMMALS

CLAVE A LOS ORDENES DE MAMIFEROS

1   Forelimbs are wings, adapted for flight. Extremidades anteriores modificadas para el vuelo (membrana alar)....................CHIROPTERA, p. 47

1′   Forelimbs not wings, not adapted for flight. Extremidades anteriores no modificadas para el vuelo 2

2   Body covered with bony scales (some in bands) or with dense fur; incisors and canines absent. Cuerpo recubierto de caparazón (placas y bandas) o con pelaje denso; incisivos y caninos ausentes ......XENARTHRA, p. 122

2′   Body not covered with bony scales (or bands) and, even if covered with dense fur, incisors and canines generally present. Cuerpo no recubierto de placas o caparazón; incisivos y caninos generalmente presentes 3

3   Marsupium (pouch) or ventral fold generally present; braincase small; incisors 5/4. Bolsa marsupial o marsupio (pliegue ventral) generalmente presente; caja craneal pequeña; incisivos 5/4 ....MARSUPIALIA, p. 33

3′   Marsupium or equivalent absent; braincase not small; incisors not 5/4. Bolsa marsupial ausente; caja craneal relativamente grande; incisivos no de forma 5/4 4

4   Opposable thumb; rostrum short; orbits directed forward; tail long and prehensile. Pulgar oponible; rostro corto; órbitas dirigidas hacia adelante; cola larga y prensil .... PRIMATES, p. 116

4′   Thumb not opposable; rostrum not foreshortened; orbits not directed anteriorly; tail not prehensile. Pulgar no oponible; rostro relativamente alargado; órbitas no dirigidas hacia adelante; cola no prensil 5

5   A single upper and lower incisor on each side (1/1); canines absent. Un incisivo superior e inferior a cada lado de la mandíbula (1/1); caninos ausentes..RODENTIA, p. 144

5′   Incisors not 1/1; canines present or absent. Incisivos no 1/1; caninos ausentes o presentes 6

6   Two upper and one lower incisor per side (2/1); canines absent. Dos incisivos superiores y uno inferior a cada lado de la mandíbula (2/1); caninos ausentes.. LAGOMORPHA, p. 141

6′   Incisors not 2/1; canines present or absent. Incisivos no 2/1; caninos presentes o ausentes 7

7   Canines well developed, conical, and elongated; claws present; posture plantigrade or digitigrade; without horns or antlers. Caninos bién desarrollados, cónicos y largos; dedos con garras; postura plantígrada o digítgrada; sin astas o cuernos.............................CARNIVORA, p. 222

7'   Canines absent, small, or in the form of tusks; digits with claws or
      hooves; unguligrade or digitigrade; horns or antlers in some. Caninos
      ausentes, pequeños, o en forma de colmillos largos y recurvados; dedos
      con pezuñas o uñas; postura unguligrada o digitígrada; astas y cuernos
      en algunos 8

8   Unguligrade; middle digit on fore and hind feet larger than other digits.
      Postura unguligrada; dedo medio de las extremidades anteriores y poste-
      riores mayor que el resto .... PERISSODACTYLA, p. 261

8'   Unguligrade or digitigrade; two principal digits of similar size on fore
      and hind feet. Postura digitígrada o unguligrada; 2 dedos principales y de
      tamaños similares .... ARTIODACTYLA, p. 265

SPECIES ACCOUNTS
HISTORIA NATURAL DE LAS ESPECIES

Mammal species of Salta are listed in the following accounts. Orders and families are arranged in phylogenetic order, whereas genera and species within a genus are listed alphabetically in order to make them easier to locate in the text. Both external and cranial characteristics are given under "Identification." These traits will allow each species to be identified. In cases where two or more species are similar, we have mentioned characteristics that will help to distinguish one from the other. We have included the dental formula (numbers and types of teeth) for most species. The formula is given for one side of the jaw and is expressed as the number of upper and lower incisors, canines, premolars, and molars. Thus an animal with 2 upper and 2 lower incisors, 1 upper and 1 lower canine, 3 upper and 3 lower premolars, and 2 upper and 2 lower molars on each side of the jaw would have a dental formula of 2/2, 1/1, 3/3, 2/2 = 32 (because only the teeth on one side of the jaw are given in the formula, the total of 16 teeth is multiplied by 2 to give the total number of teeth in the skull, 32). Information on "Habitat" and "Habits" also is given. Many times this information can assist in finalizing an identification. Finally, under "Comments" we note various facts of interest about the species. A distribution map and illustra-

Las especies de mamíferos que se encuentran en la provincia de Salta son tratadas en el texto del siguiente modo: Ordenes y familias han sido listadas filogeneticamente, mientras que los géneros y especies están listados alfabeticamente. Las características externas y craneales se mencionan en la sección "Identificación" y permiten la ubicación correcta de cada una de ellas. En el caso en que dos o más especies presenten características similares, se destacan en forma particular las que pueden diferenciar a una de otra. La fórmula dental de la mayoría de las especies es indicada en la sección "Identificación." Esta es expresada para cada tipo de dientes como una fracción en donde el número superior es el de la maxila y el inferior el de la mandíbula. Sólo se expresa el número de dientes de una mitad de cada parte; el primer grupo de fracciones son los incisivos, el segundo los caninos, el tercero los premolares y el cuarto los molares. A continuación se ofrece el número total de dientes de la especie en cuestión. Bajo "Habitat" y "Hábitos" se ofrece variada información, la que en algunos casos podrá también ayudar en la identificación. Bajo "Comentarios" hemos incluído numerosos aspectos de interés sobre las especies. Para cada una se ofrece un mapa de distribución en la provincia y el dibujo de

tions of the animal and its skull also are given for each species.

The distribution maps show the localities where we have captured a species and our knowledge of its habitat preference. Salta has not yet been adequately surveyed mammalogically, and we expect future work to reveal the pattern of distribution of each species in greater detail. Nevertheless, the maps are accurate enough that most animals will indeed be captured or seen within the limits of the distribution illustrated on the species map.

The skull illustrations allow identification by matching a skull with the drawing, but dental and cranial characters should also be checked with those listed under "Identification." Although the characteristics of animals vary from one area to another, as well as with the sex, age, or health of the individual, the skull illustrations are faithful to the major characteristics of each species.

In Appendix 1 we list the mammal fauna of Salta phylogenetically to the familial level and alphabetically by genus and by species within the genus. Appendix 2 lists species that probably will be found in Salta because they occur close to its borders in habitats represented within the province.

cuerpo y cráneo. Los mapas están basados en las capturas y observaciones realizadas por nosotros, como así también en el conocimiento de la preferencia de habitat de cada especie.

Salta no ha sido suficientemente muestreada en su fauna de mamíferos, por lo que esperamos que futuros trabajos ayudarán a lograr mayor exactitud de los límites de distribución de cada especie sobre la base de la información contenida en esta guía. A pesar de ello, los mapas son suficientemente precisos, y nos permite predecir que la mayoría de las especies serán observadas o capturadas dentro de los límites que se indican en ellos.

El reconocimiento de los cráneos será posible por simple comparación con los dibujos. Las características craneales y dentales podrán ser verificadas con las que se ofrecen en "Identificación." Aunque los caracteres de los animales varían de un área a otra y con el sexo, edad y salud del especímen, las ilustraciones craneales son suficientemente fieles a las características específicas que difícilmente desviarán al observador de la correcta determinación.

En el Apéndice 1 ofrecemos la lista de mamíferos de la provincia, ordenada filogenéticamente a nivel de familia y alfabéticamente por género y especies dentro de cada género. En el Apéndice 2 se listan las especies probables de encontrar en Salta, de distribución conocida cerca de sus límites, en habitats que son contínuos con la provincia.

ORDER MARSUPIALIA

Marsupials

Pouch, or marsupium, present in some groups (the pouch is a ventrally located sac where the young complete their development after birth); gestation period short; penis located behind the scrotum; vagina and uterus double; braincase small; canines long; palatal spaces (vacuities) present; sagittal crest present, becoming more pronounced with advancing age. Only one family represented in Salta.

Marsupiales

Bolsa marsupial presente en algunos grupos (saco ventral donde las crías completan su desarrollo después de nacer); período de gestación corto; pene postescrotal; vagina y útero doble; caja craneal pequeña; caninos largos; vacuidades palatinas presentes; cresta sagital que aumenta de tamaño con la edad. Representado por una sola familia en Salta.

FAMILY DIDELPHIDAE

Opossums

Small species appear mouse- or rat-like (*Marmosa*); large species (*Lutreolina*) resemble weasels; pouch absent (except in the common opossum); five toes on feet; opposable thumb; prehensile tail; sagittal crest present; palatine vacuities; nocturnal and crepuscular; generally omnivorous; dental formula 5/4, 1/1, 3/3, 4/4 = 50.

Comadrejas, Colicortos, Marmosas

Formas chicas semejantes a ratas (*Marmosa*); formas más grandes (*Lutreolina*) semejantes a hurones; bolsa marsupial ausente (excepto en la comadreja común); cinco dedos en las manos y pies; pulgar oponible; cola prensil; cresta sagital presente; con fosas palatinas; nocturnos y crepusculares; por lo general omnívoros; fórmula dental 5/4, 1/1, 3/3, 4/4 = 50.

33

Didelphis albiventris

White-eared Opossum—Comadreja Común

Identification.—Head-body, 260–500; tail, 255–535; hind foot, 48; ear, 50; weight, 500–5500; coloration dark mixed with white; ears white (the larger opossum, *Didelphis marsupialis*, has black ears); a black band extends across the forehead and forms a V; eyes outlined in black; tail long, prehensile, and hairless in the terminal part; terminal portion of the tail white; feet with five toes; forefeet with an opposable thumb; hind feet with the hallux pointed posteriorally; marsupium present in the posteroventral portion of the female's body. **Identificación.**—Cabeza y cuerpo, 260–500; cola, 255–535; pata posterior, 48; oreja, 50; peso, 500–5500; coloración oscura entremezclada con blanco; orejas de color blanco (la comadreja grande, *Didelphis marsupialis*, tiene orejas negras); una banda de pelaje negro se extiende sobre la frente en forma de V; ojos surcados por una franja oscura; cola larga, prensil y desnuda en su mitád terminal, esta última porción es de color blanco; miembros anteriores y posteriores con cinco dedos y pulgar oponible; miembros posteriores con pulgar desplazado hacia atrás; marsupio o bolsa marsupial presente en la región ventral de las hembras.

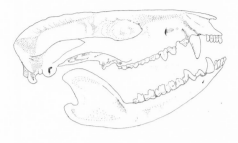
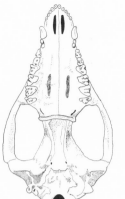
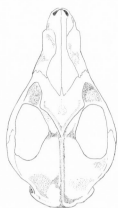

Habitat.—Found in a great variety of habitats, from chacoan forest to wet forest and even entering arid regions both in the lowlands and highlands; common in towns and cities and in cultivated fields; seeks refuge in hollow trees, caves, and rocky crevices. **Habitat.**—Los más variados ambientes, desde el bosque chaqueño y selva húmeda hasta las regiones áridas de altura; común en centros poblados y campos de cultivo; busca refugio en troncos huecos, cuevas y grietas rocosas.

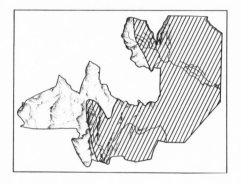

Habits.—Crepuscular and nocturnal; forages primarily on insects, snails, worms, small mammals, birds, fruits, and leaves; common in trees and on the ground; gestation period 12 to 13 days (the shortest time noted for any mammal except for shrews); average litter is 10 young; number of mammae variable, generally 13; young carried in the pouch for a period of two months and are then carried about on the mother's back for a period of time.

Hábitos.—Crepuscular y nocturna; se alimenta principalmente de insectos, caracoles, gusanos, pequeños mamíferos, aves, frutos y hojas; arborícolas y terrestres; período de gestación de 12 a 13 días (el tiempo más corto registrado para cualquier otro mamífero, excepto algunas musarañas); da a luz un promedio de 10 crías; número de mamas variable, generalmente 13; las crías son llevadas en la bolsa marsupial por un período de dos meses y luego son transportadas en la espalda de su madre por un tiempo.

Commentary.—Commonly observed along roads. This species appears on the list of animals that are considered harmful to man, because of the damage

individuals may do to cultivated areas and to domestic birds. The fur industry utilizes the skins of these animals in the making of blankets, rugs, and jackets. Between 1974 and 1978 more than 700,000 animals were killed and used in the fur trade. Although this animal is considered harmful to some agricultural interests, its broad food habits and wide distribution make it a major consumer of rodents and other animals that are quite damaging to man; it plays an important role in the natural regulation of populations of small mammals that can be harmful to man, and it should no longer be considered as a species that is damaging to human interests. **Comentarios.**—Común de observar a lo largo de caminos. Mencionado en la lista de animales perjudiciales y dañinos en la Ley de Protección de la fauna. La industria peletera utiliza sus cueros en la confección de tapados y otros artículos regionales. Entre los años 1974 y 1978 se dió muerte a más de 700 mil individuos en calidad de cueros y confecciones. Si bien esta especie está considerada como perjudicial tanto para la agricultura como para los criadores de aves de corral, sus hábitos alimenticios y eficaz cazador de roedores hace que desempeñe un papel muy importante en la regulación de poblaciones de micromamíferos posiblemente dañinos.

Lutreolina crassicaudata

Little Water Opossum—Comadreja Colorada

Identification.—Head-body, 250–400; tail, 210–310; hind foot, 38; ear, 24–26; weight, 200–540; medium size, similar in body form to a weasel (having an elongated body and short legs); general coloration reddish; ventrum pale yellowish orange; tail long, thick, and naked on the proximal half; ears short and rounded. **Identificación.**—Cabeza y cuerpo, 250–400; cola, 210–310; pata posterior, 38; oreja, 24–26; peso, 200–540; tamaño mediano, similar a un hurón (cuerpo alargado y patas cortas); coloración general rojiza; vientre de color anaranjado pálido; cola larga, gruesa y peluda en su mitad proximal; orejas cortas y redondeadas.

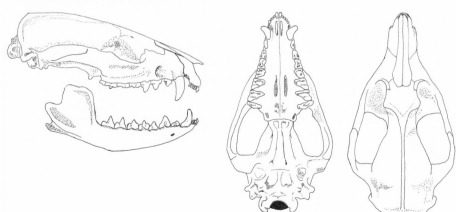

Habitat.—Wet gullies and ravines in the moist forests; in zones of dense moist vegetation along arroyos. **Habitat.**—Quebradas húmedas de selva; en zonas de vegetación exhuberante; cerca de arroyos.

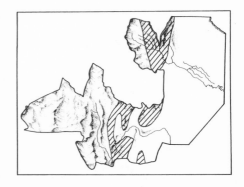

Habits.—Crepuscular and nocturnal; omnivorous (with a tendency toward carnivory); generally begins activity period in early hours of evening; excellent predator due to great agility and keen sense of smell; good swimmer; lives in caves, hollow logs, and rock crevices; quite arboreal as well as terrestrial; gestation period approximately two weeks. **Hábitos.**—Crepuscular y nocturna; omnívora (con tendencia a régimen carnívoro); por lo general comienza su actividad en las primeras horas del anochecer; su agilidad y sentido del olfato la convierte en un excelente predador; buena nadadora; vive en cuevas, troncos huecos y grietas rocosas; desarrolla su actividad tanto en los árboles como en la tierra; período de gestación aproximadamente dos semanas.

Commentary.—The nocturnal habits of this species make it an animal that is seldom seen. In captivity it acts as a very effective predator, killing prey with a quick bite to the neck. In one case, one of these animals caught more than five rodents in less than an hour, leaving each one at the site where it was captured and moving on to the next rodent. After eating the first of the rodents that was killed, the animal began washing its face, moistening its hands with its mouth and rubbing them over the face (the same washing behavior that it exhibited minutes before beginning its daily activities). These animals do not remain active for an entire night but return (at least in captivity) to their nest site several times during the evening after foraging. They emit a long high-pitched whistle. **Comentarios.**—Su forma de vida nocturna la hace difícil de observar. En cautividad se comportan como verdaderos predadores, dando muerte a su presa por la zona del cuello. En una oportunidad, un ejemplar de éstos llegó a cazar más de cinco roedores en menos de una hora, dejando a cada uno de ellos en el sitio en que los había capturado. Habiendo terminado de comer al primero de ellos, comenzó a asearse la cara mojando sus manos con la boca y pasándolas por el rostro (al mismo tipo de aseo lo desarrolla minutos antes de comenzar su actividad diaria). La actividad nocturna no es constante, suelen retornar a su cueva (en cautividad) varias veces y continuar alimentándose en la cueva o salir en busca de otras presas. Emiten un sonido similar a un silbido agudo y largo.

Marmosa constantiae

Bay-colored Mouse Opossum—Marmosa Grande Bayo

Identification.—Head-body, 139; tail, 186; hind foot, 25; ear, 20; weight, 60–100; dorsal coloration grayish yellow; ventrum pale orange; tail slightly longer than the head-body length, only slightly hairy; a dark ring around each eye. **Identificación.**—Cabeza y cuerpo, 139; cola, 186; pata posterior, 25; oreja, 20; peso, 60–100; coloración gris amarillenta; vientre anaranjado pálido; cola un poco más larga que cabeza y cuerpo, poco peluda; anillo oscuro alrededor del ojo.

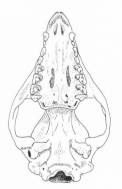
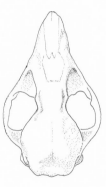

Habitat.—Humid forests; transitional forests. **Habitat.**—Selva húmeda; bosque de transición.

Habits.—Nocturnal; omnivorous; arboreal. **Hábitos.**—Nocturna; omnívora; arborícola.

Commentary.—This species is seldom seen. Its natural history is unknown. **Comentarios.**—Especie rara de observar. Historia natural y hábitos desconocidos.

Marmosa elegans

Elegant Mouse Opossum—Marmosa Elegante

Identification.—Head-body, 102–124; tail, 118–132; hind foot, 21–22; ear, 27–30; weight, 22–36; size small; coloration lead-gray; flanks and ventrum yellowish white (the common marmosa in Salta, *M. pusilla*, is immaculate white on the ventrum); pelage thick and fine; ears large and rounded; legs short; tail long; lacks a pouch. **Identificación.**—Cabeza y cuerpo, 102–124; cola, 118–132; pata posterior, 21–22; oreja, 27–30; peso, 22–36; tamaño pequeño; coloración gris plomiza; flancos y vientre de color blanco amarillento (la marmosa común, *M. pusilla*, es de un blanco más puro); pelaje suave; orejas grandes y redondeadas; patas cortas; cola larga; carecen de bolsa marsupial.

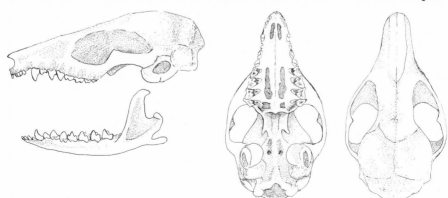

Habitat.—Transitional, chacoan and humid forests; areas with secondary vegetation; up to 2500 meters.
Habitat.—Bosque de transición, chaco arbustivo y selva húmeda; zonas de vegetación de crecimiento secundario; hasta los 2500 metros.

Habits.—Nocturnal; omnivorous; arboreal; lives in nests, hollow trees and caves; reproduces twice each year; gives birth to 11 to 15 young.
Hábitos.—Nocturna; omnívora; ar-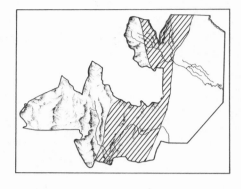
borícola; vive en nidos, huecos de árboles y cuevas; reproduce dos veces por año; da a luz entre 11 a 15 crías.

Commentary.—These animals are seldom seen. In some areas of the transitional forests, they live in the same habitat as the common marmosa (*Marmosa pusilla*). **Comentarios.**—No son fáciles de observar. En algunas áreas del bosque de transición conviven junto a la marmosa común.

Marmosa pusilla

Common Mouse Opossum—Marmosa Común

Identification.—Head-body, 75–94; tail, 75–92; hind foot, 10–12; ear, 15–23; weight, 10–15; size small; dorsal coloration lead-gray; legs and belly white; pelage fine; ears and tail long; pouch absent. **Identificación.**—Cabeza y cuerpo, 75–94; cola, 75–92; pata posterior, 10–12; oreja, 15–23; peso, 10–15; tamaño chico; coloración grisáceo plomiza; patas y vientre de color blanco; pelaje suave; orejas y cola larga; marsupio ausente.

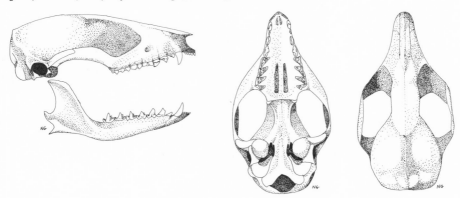

Habitat.—Occurs up to 3500
meters in semiarid regions, chacoan
thorn scrub, and transitional forests.
Habitat.—Hasta los 3500 metros en
zonas semiáridas, bosque chaqueño
arbustivo y bosque de transición.

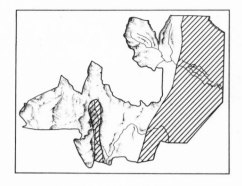

Habits.—Nocturnal; omnivorous,
eating primarily fruits and insects;
frequently arboreal; lives in caves and
abandoned nests; during autumn ac-
cumulates fat in the tail, which is
used as an energy reserve; probably
reproduces twice each year; approximately 14 to 15 young are born per litter.
Hábitos.—Nocturna; omnívora, se alimenta principalmente de frutos e insectos; arborícola; en cuevas y nidos abandonados; durante la época preinvernal
acumula grasa en la cola, a modo de reserva de energía; parece reproducir dos
veces durante el año; da a luz aproximadamente 14 a 15 crias.

Commentary.—Seldom seen. On one occasion we found a pair living in the
nest of an ovenbird. **Comentarios.**—Difícil de observar. En una oportunidad
encontramos una pareja viviendo dentro de un nido de hornero.

Monodelphis dimidiata

Short-tailed Opossum—Colicorto Pampeano

Identification.—Head-body, 128; tail, 58; hind foot, 16; ear, 10–13; weight, 58; size small; tail shorter than head and body length (in marmosas it is equal to or greater than head-body length); coloration grayish brown dorsally and reddish yellow ventrally; ears short. **Identificación.**—Cabeza y cuerpo, 128; cola, 58; pata posterior, 16; oreja, 10–13; peso, 58; tamaño pequeño; cola más corta que la cabeza y cuerpo (en las marmosas es igual o mayor); coloración marrón grisáceo dorsal y amarillo rojizo ventral; orejas cortas.

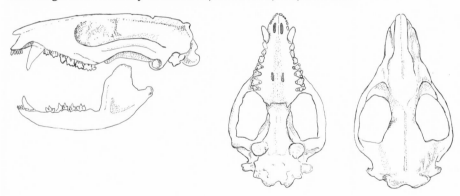

Habitat.—Near arroyos and rivers; frequently near human habitation; transitional forests. **Habitat.**—En proximidad de arroyos, ríos; cerca de zonas pobladas; bosque de transición.

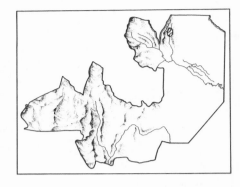

Habits.—Practically unknown; nocturnal; omnivorous; semiarboreal; lives in fallen tree trunks and in piles of dead vegetation; apparently reproduces all year; 8 to 14 young per litter. **Hábitos.**—Prácticamente desconocidos; nocturno; omnívoro; semiarborícola; vive en troncos caídos y hojarasca; reproduce todo el año (aparentemente); de 8 a 14 crías.

Commentary.—Extremely rare; seldom seen. **Comentarios.**—Muy rara; difícil de observar.

ORDER CHIROPTERA

Bats

The only flying mammals, easily recognized by their wings; nocturnal; diet varied, but generally consists of either insects or fruit; some eat fish, pollen, flowers, and small vertebrates, or lap blood; they inhabit a wide variety of refuges including caves, hollow trees, rock crevices, or man-made structures such as houses, bridges, or tunnels; many species are extremely useful to human beings because they disperse seeds and pollinate plants or because they eat many insects, although they can damage fruits and transmit diseases such as rabies that can kill both domestic animals and humans.

Murciélagos

Unicos mamíferos voladores; inconfundibles con otros grupos por la presencia de alas bién desarrolladas; de hábitos nocturnos y alimentación variada, principalmente insectívoros y frugívoros; otros se alimentan de peces, polen, néctar, flores, pequeños vertebrados y sangre; habitan en una amplia gama de refugios como cuevas naturales, huecos de árboles y grietas de rocas y barrancas; algunas especies se han adaptado a las construcciones humanas como edificios, debajo de techos, alcantarillas, puentes y túneles; otras son de gran utilidad para el hombre y la naturaleza, debido a la dispersión de semillas, polinización y al consumo de insectos, mientras que unas pocas, sin el debido control, pueden llegar a ocasionar pérdidas en las cosechas de frutas o transmitir enfermedades graves como la rabia, que ocasiona la pérdida de altos números de cabezas de ganado y ocasionalmente la muerte en el hombre.

KEY TO THE FAMILIES OF BATS
CLAVE A LAS FAMILIAS DE MURCIELAGOS

1   Dental formula 1/2, 1/1, 2/3, 0/0 = 20; upper incisors long, with sharp edges for slicing. Fórmula dental 1/2, 1/1, 2/3, 0/0 = 20; incisivos superiores alargados, de bordes cortantes ....
..............................PHYLLOSTOMIDAE (DESMODONTINAE), p. 52

1' Dental formula not as above; post canines 4/4 or more; upper incisors not adapted for slicing. Fórmula dental distinta, dientes postcaninos 4/4 o mas; incisivos superiores no presentan la forma de hojas cortantes.... 2

2   Incisors 2/2, 2/1, or 2/0; noseleaf present or absent; anterior palate complete. Incisivos 2/2, 2/1 o 2/0; hoja nasal presente o ausente; paladar anterior completo 3

2' Incisors not as above; noseleaf absent; anterior palate incomplete (except *Eumops*). Incisivos no como arriba; hoja nasal ausente; paladar anterior incompleto (excepto *Eumops*) 4

3   Noseleaf present. Hoja nasal presente..... PHYLLOSTOMIDAE (part), p. 52

3' Incisors 2/1; noseleaf absent; feet elongated; claws long and hook-like. Incisivos 2/1; hoja nasal ausente; pies alargados; uñas largas y puntiagudas .... NOCTILIONIDAE, p. 49

4   Incisor 1–2/2–3; upper incisors on each side widely separated from those of the opposite side; tooth number varying from 28 to 38; tail completely enclosed in uropatagium. Incisivos 1–2/2–3; incisivos superiores anchamente separados en las bases y en las puntas; número de dientes entre 28 y 38; cola completamente encerrada en el uropatagio ....
.... VESPERTILIONIDAE, p. 75

4' Incisors 1/1–2–3; upper incisors on each side narrowly joined or with bases separated but tips closer together; tooth number varying from 26 to 32; tail extending beyond edge of uropatagium. Incisivos 1/1–2–3; incisivos superiores estrechamente unidos, o separados en las bases y próximos en las puntas; número de dientes entre 26 a 32; la cola se extiende mas allá del uropatagio .... MOLOSSIDAE, p. 93

FAMILY NOCTILIONIDAE

Fishing Bats

One of the largest bats in Argentina; forehead high; upper lip split by a deep vertical groove; ears separate, pointed and funnel-like; tragus well developed, with the border serrated; wings long and narrow; legs long and with claws formed into sharp hooks; uropatagium well developed with a short tail that extrudes from the dorsum; brightly colored from brownish to reddish to orange; forehead length half that of braincase; sagittal crest well developed; second upper incisor located behind first upper incisor and smaller than the latter; dental formula 2/1, 1/1, 1/2, 3/3 = 28.

Murciélagos Pescadores

De tamaño grande; uno de los murciélagos mayores de Argentina; rostro alto; labio superior partido al medio por un surco vertical; orejas separadas, punteagudas y en forma tubular; trago bien desarrollado, con el borde externo aserrado; alas largas y angostas; patas muy largas con uñas en forma de garras muy afiladas y curvadas; uropatagio bien desarrollado con una pequeña cola que lo perfora saliendo por lado dorsal; colores vivos entre los tonos de marrón, rojo y naranja-amarillento; cráneo alto con el rostro la mitad de la longitud de la caja craneal; cresta sagital bien desarrollada; incisivos superiores externos ubicados detrás de los internos y de menor tamaño que éstos; fórmula dental 2/1, 1/1, 1/2, 3/3 = 28.

Noctilio leporinus

Greater Bulldog Bat—Murciélago Pescador Grande

Identification.—Head-body, 90–110; tail, 16–24; hind foot, 27–30; ear, 24; forearm, 80–90; weight, 50–70; size large—one of the largest bats in Argentina; dorsal coloration variable, generally reddish brown dorsally, yellowish orange ventrally; possesses a middorsal stripe paler than the rest of the dorsum (may be absent); the hind feet have recurved nails that are long, sharp, and well developed in the form of hooks, which are used in capturing fish; the upper lip is divided by a vertical groove that gives the animal a hare-like lip (or leporine appearance); ears long, pointed, and separated; tail short, extruding dorsally from the uropatagium at about half the length of the uropatagium.

Identificación.—Cabeza y cuerpo, 90–110; cola, 16–24; pata, 27–30; oreja, 24; antebrazo, 80–90; peso, 50–70; tamaño grande, uno de los mayores de Argentina; coloración variable, generalmente marrón rojizo dorsal y amarillento anaranjado ventral; una línea más clara en la superficie dorsal media (también puede estar ausente); garras muy desarrolladas debido a sus hábitos pescadores muy acentuados; los labios superiores están divididos por un pliegue cutáneo vertical, que le dan un aspecto característico de "leporino" al que debe su nombre específico; orejas largas, punteagudas y separadas; cola corta, saliendo dorsalmente por el uropatagio no más allá de la mitad de éste.

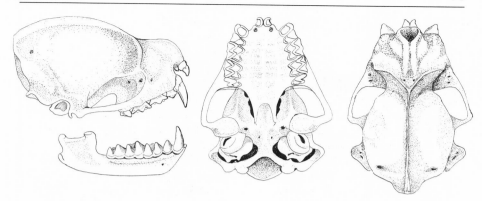

Habitat.—Lakes, swamps, and rivers. **Habitat.**—Lagos, esteros, lagunas y ríos.

Habits.—Principally crepuscular, lives in hollow trees in groups, although also found in human dwellings, caves, and fissures in rocks; food consists principally of fish, although aquatic insects are taken regularly, as are small crustaceans; forages over the surface of water, usually in small groups, catching fish with the

hooklike nails on the hind feet and lifting them rapidly to the mouth in flight; the fish may be transported to roosts, although they are usually eaten in flight.

Hábitos.—Principalmente crepuscular, habita huecos de árboles en grupos grandes, aunque también ha sido localizado en grietas de habitáculos construídos por el hombre, cuevas y fisuras de rocas; su alimentación consiste principalmente en peces aunque no descarta también los insectos acuáticos, como tampoco los pequeños crustáceos; vuela en grupos sobre la superficie del agua cazando con las garras y llevando la presa hacia la boca, las que son comidas en vuelo, aunque pueden ser transportadas a su habitáculo para ser consumidas luego.

Commentary.—This is the only fish-eating bat in Salta. **Comentarios.**—Es la única especie de murciélago pescador que existe en Salta.

FAMILY PHYLLOSTOMIDAE

Leaf-nosed Bats

Recognized by the presence of a well-developed nose leaf at the tip of the snout, except in *Desmodus*, where it is vestigial; uropatagium usually present, although developed to a different degree depending on the species and reduced or absent in *Sturnira*; tail present or absent, but when present it never extends beyond border of the uropatagium and, in *Tonatia*, perforates the dorsum of the uropatagium and extrudes slightly; wings broad, allowing great agility in flight; wide variety of habitats and foods utilized (by nectarivores, frugivores, insectivores, carnivores, sanguivores); principally in forested habitats.

Murciélagos de Hoja Nasal

Reconocibles por la presencia de una hoja nasal bien desarrollada en el extremo del hocico, excepto en *Desmodus*, donde es vestigial; generalmente presente una membrana caudal o uropatagio, desarrollada en diferente grado según las especies y muy reducida o ausente en *Sturnira*; cola presente o ausente, pero cuando se encuentra, nunca sobrepasa el borde posterior del uropatagio y en *Tonatia*, lo perfora para aparecer apenas por el dorso; alas anchas que permiten el vuelo con alta maniobrabilidad; gran diversidad de hábitos alimenticios (nectarívoros, frugívoros, insectívoros, carnívoros y sanguívoros); principalmente en áreas de bosques y selvas.

Anoura caudifer

Tailless Long-nosed Bat—Murciélago Hocicudo Lenguilargo

Identification.—Head-body, 50–60; tail, 4; hind foot, 11–15; ear, 10–15; forearm, 36–39; weight, 10–11; medium-sized; interfemoral membrane reduced, with a fringe of hairs on posterior border; nose long; protractile tongue; noseleaf short and broad; coloration a general dull or dark gray; zygomatic arch complete but weak; lower incisors absent; dental formula 2/0, 1/1, 3/3, 3/3 = 32. **Identificación.**—Cabeza y cuerpo, 50–60; cola 4; pata, 11–15; oreja, 10–15; antebrazo, 36–39; peso, 10–11; tamaño mediano; membrana interfemoral reducida, con un fleco de pelos en el borde posterior; hocico muy alargado; lengua protráctil; hoja nasal corta y ancha; coloración general gris pardo oscura; arco cigomático completo pero débil; incisivos inferiores ausentes; fórmula dental 2/0, 1/1, 3/3, 3/3 = 32.

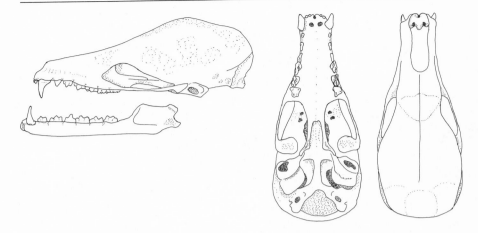

Habitat.—Montane forest. **Habitat.**—Bosques serranos.

Habits.—Feeds principally on pollen and nectar, as well as soft fruits and insects (small fruits and insects may be an opportunistic food source taken when the animal is foraging on flowers); encountered alone or in groups; lives in caves, crevices, and tunnels, as well as in hollow trees.

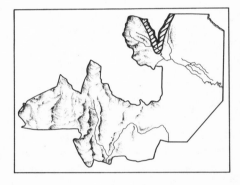

Hábitos.—Se alimenta principalmente de polen y néctar, pudiendo hacerlo también de frutos e insectos; estos últimos quizás sean un aprovechamiento oportunista de los que son atraídos por las flores que forman parte de la dieta; se encuentran solos o en grupos; habita y descansa en cuevas, grietas y túneles, ademas de huecos de los árboles.

Commentary.—Poorly studied in Argentina. Easily distinguished from the other long-nosed bat (*Glossophaga soricina*) by its longer snout, and the characteristics of the uropatagium and tail. **Comentarios.**—Poco conocido en Argentina. Se diferencia fácilmente de la otra especie de hocico largo (*Glossophaga soricina*) por su hocico aún mayor y uropatagio y cola menor.

Artibeus planirostris

Flat-faced Fruit-eating Bat—Falso Vampiro Grande

Identification.—Head-body, 80–100; hind foot, 15–20; ear, 23–26; forearm, 60–65; weight, 39–55; size large; general coloration dark gray to dark brown; noseleaf relatively short and broad with a prominent central portion; ears short and separated; tragus well differentiated; lips with warts; thumb large and strong; in general, facial stripes are evident, but may be extremely weak; the border of the uropatagium hairless; wing membrane dark and broad; tail reduced and uropatagium broad; dental formula 2/2, 1/1, 2/2, 3/3 = 32.

Identificación.—Cabeza y cuerpo, 80–100; pata, 15–20; oreja, 23–26; antebrazo, 60–65; peso, 39–55; tamaño grande; coloración general gris oscura a pardo oscura; hoja nasal relativamente corta y ancha con una prominencia central notable; orejas cortas y separadas; trago desarrollado; labios con verrugas; pulgar fuerte; en general tiene líneas faciales débilmente marcadas; borde del uropatagio sin pelos; membrana alar oscura y ancha; cola reducida y uropatagio ancho; fórmula dental 2/2, 1/1, 2/2, 3/3 = 32.

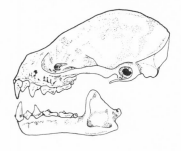
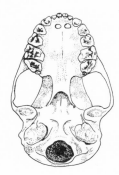

Habitat.—Moist forest reaching as high as 2600 meters in mountainous areas; also in the transitional forests; frequently inhabits orchards. **Habitat.**—Selva húmeda llegando en las zonas montañosas hasta los 2600 metros; también en bosque de transición; frecuenta frutales.

Habits.—Principally a frugivore, but also consumes insects and pollen; inhabits caves, hollow trees, crevices, and the foliage of trees where it is frequently found in groups; commonly found in human dwellings (under the eaves and roofs of buildings) located near forests. **Hábitos.**—Principalmente frugívoro, pero también se alimenta de insectos y ocasionalmente de polen; habita tanto en cuevas como en huecos de árboles, grietas y en el follaje de los árboles, donde se encuentran en grupos; también en viviendas del hombre, en techos y fisuras de los edificios cercanos a los bosques naturales.

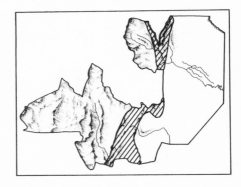

Commentary.—This species, like all frugivorous and nectarivorous species, plays an important role in the pollination of flowers and the dispersal of seeds; thus the species should be protected and not eliminated. It is commonly killed as part of the control program directed against vampire bats. **Comentarios.**— Esta especie, como todas las frugívoras y nectarívoras, juega un importante papel en la polinización y dispersión de semillas, por lo tanto, debe ser protegida y no eliminada como muchas veces sucede en las campañas de sanidad en la lucha contra el vampiro.

Chrotopterus auritus

Peters' Woolly False Vampire Bat—Falso Vampiro Orejón

Identification.—Head-body, 98; tail, 10; hind foot, 20–22; ear, 35–45; forearm, 78–84; weight, 80–90; size large, largest member of the family known to occur in Argentina; dorsal coloration dark brown, ventrum grayish brown; wing membrane practically black and generally has small dark spots located near the wing tips; hair long and fine; ears large, broad, and well separated; tail practically absent, but uropatagium well developed; dental formula 2/1, 1/1, 2/3, 3/3 = 32. **Identificación.**—Cabeza y cuerpo, 98; cola, 10; pata, 20–22; oreja, 35–45; antebrazo, 78–84; peso, 80–90; tamaño grande, quizás el mayor de los de la familia que existe en Argentina; coloración dorsal marrón oscura y ventral marrón grisácea; membrana alar casi negra y generalmente con pequeñas manchas melánicas, principalmente en las puntas; pelo largo y muy suave; orejas grandes, anchas y bien separadas entre sí; cola prácticamente ausente, pero uropatagio muy bien desarrollado; fórmula dental 2/1, 1/1, 2/3, 3/3 = 32.

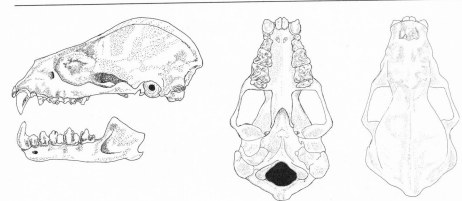

Habitat.—Found principally in forested regions up to 1700 meters, where the vegetation is dense. **Habitat.**—Se encuentra principalmente en zonas selváticas hasta 1700 metros, donde la vegetación es densa.

Habits.—The broad wings suggest that the flight of this species is slow but powerful and agile, the latter is suggested by the fact that this bat has been seen foraging on birds trapped in mist nets; principally carnivorous;

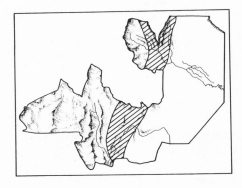

an analysis of stomach contents revealed bones, feathers, and hairs from small mammals (*Marmosa*), lizard remains, and fruits; in captivity, individuals have survived on feedings of rodents and beef; little is known about their biology, but it is thought this species lives in caves in conjunction with other species.

Hábitos.—Sus alas muy anchas indican un vuelo de tipo lento pero poderoso y hábil, lo que se constata por el hecho de haberse observado comiendo pájaros atrapados en redes de niebla; hábitos alimenticios principalmente carnívoros; en contenidos estomacales se encontraron restos de huesos, plumas, pelos (*Marmosa*) y frutas; en cautividad ha sido alimentada con roedores y carne vacuna; también se encontraron restos de lagartos; poco se conoce de su biología, pero se piensa que puede vivir en cuevas y hacerlo junto a otras especies.

Commentary.—This is the only species in this genus. Its natural history and abundance in Argentina are unknown, but it appears to be uncommon.

Comentarios.—Es la única especie del género. Se desconoce su abundancia en Argentina pero es poco frecuente.

Desmodus rotundus

Vampire Bat—Vampiro

Identification.—Head-body, 70–80; hind foot, 14–21; ear, 17–22; forearm, 60–65; weight, 35–45; size medium, with a strong and muscular appearance; lacks a noseleaf; coloration variable, but generally between reddish and yellowish brown with the dorsum darker than the ventrum; there is also a gray phase, and some golden-colored individuals have been seen; caudal membrane reduced and tail absent; ears short and pointed; tragus short and broad; thumb well developed with three calluses developed as cushions; pelage short; dental formula 1/2, 1/1, 1/2, 1/1 = 20. **Identificación.**—Cabeza y cuerpo, 70–80; pata, 14–21; oreja, 17–22; antebrazo, 60–65 ; peso, 35–45; tamaño mediano, aspecto fuerte y musculoso; carece de la prolongación lanceolada de la hoja nasal; coloración variable, generalmente entre rojiza a marrón amarillenta, siendo el lado dorsal más oscuro que el ventral; también existe una fase gris y se han observado algunos ejemplares con reflejos dorados; membrana caudal reducida y cola ausente; orejas cortas y punteagudas; trago corto y ancho; pulgar muy desarrollado con tres callosidades a modo de almohadillas; pelaje corto; fórmula dental 1/2, 1/1, 1/2, 1/1 = 20.

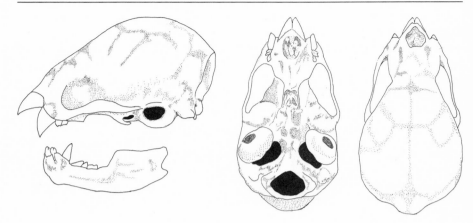

Habitat.—A species with great adaptability that can be found from the most humid forests to the driest deserts, provided an adequate food source is available. **Habitat.**—Es una especie de gran adaptación a las condiciones o características climáticas locales, por lo que puede encontrarse tanto en selvas húmedas como en zonas más áridas.

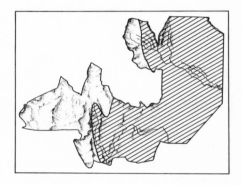

Habits.—Generally flies later in the evening than most other bats; a rapid and characteristic flight; lives in caves, hollow trees, buildings, and under bridges; principal roosts are caves, where large groups of up to 300 bats may congregate; feeds on the blood of domestic animals such as cows, horses, burros, and mules; occasionally, may feed on sleeping humans; the enlarged thumb serves to help support the animal as it feeds on its prey as well as assisting in a quadrupedal running motion that it utilizes for sneaking up on its prey; these bats are good runners and jumpers; gestation period between 90 and 120 days; may reproduce at any time of year; the saliva contains an anticoagulant that facilitates blood flow from a wound; may ingest up to half of their body weight in blood each night; renal system adapted for the intake of large quantities of liquid and urination begins almost at the same moment as feeding—this allows elimination of a great part of the water taken in during feeding. **Hábitos.**—Generalmente salen entrada ya la noche; tienen un vuelo rápido y característico; habitan cuevas, huecos de árboles, edificios y puentes; sus refugios principales son las cuevas donde se juntan en grandes grupos de hasta 300 individuos; se alimenta de sangre de animales principalmente domés-

ticos, como vacas, caballos, burros y mulas; ocasionalmente suele morder al hombre mientras duerme; su pulgar inusualmente grande, le sirve para apoyarse sobre el lomo del animal del que se está alimentando y puede ser usado para su andar "cuadrúpedo," pues puede caminar fácilmente y hasta dar pequeños saltos y correr; su período de gestación varía entre 90 y 120 días y puede reproducirse en cualquier época del año; la ingestión de sangre es facilitada por la presencia de un anticoagulante en la saliva y puede ingerir por noche una cantidad equivalente a la mitad de su propio peso; su sistema renal está adaptado de tal modo a la ingestión de líquido, que la eliminación de orina y alimentación se realizan simultáneamente, perdiendo así gran parte del agua ingerida con la sangre.

Commentary.—This is a species of great economic importance in certain zones because it may cause damage to cattle and other domestic animals and also because it is a major transmitter of rabies and other diseases. **Comentarios.**—Esta es una especie de importancia económica en ciertas zonas, por el daño que ocasiona al ganado y por ser uno de los principales portadores y transmisor de la rabia y otras enfermedades.

Diaemus youngii

White-winged Vampire Bat—Vampiro de Alas Blancas

Identification.—Head-body, 86; tail absent; hind foot, 17; ear, 17.5; weight, 40; aspect similar to *D. rotundus*, but differentiated by paler coloration—pale brown with golden sheen and white wingtips; two callosities on the thumb (*D. rotundus* has three); large salivary glands easily visible in open mouth in living specimens; tympanic bullae larger than in *Desmodus* and the coronoid process of the mandible is triangular in lateral view; dental formula 1/2, 1/1, 1–2/1 = 20–22. **Identificación.**—Cabeza y cuerpo, 86; cola ausente; pata, 17; oreja, 17.5; peso, 40; aspecto similar al vampiro (*D. rotundus*), pero se diferencia de él por su coloración más pálida, marrón claro con reflejos dorados y puntas de las alas blancas; otra diferencia diagnóstica es la presencia de sólo dos almohadillas o callosidades en el pulgar (3 en *D. rotundus*); glándulas abultadas en la cavidad bucal muy notorias en los ejemplares vivos; a nivel craneal, se diferencia del otro vampiro por tener las bullas timpánicas mucho mayores y porque el proceso coronoide de la mandíbula es de aspecto triangular, en vez de recto, visto de costado; fórmula dental 1/2, 1/1, 1–2/1 = 20–22.

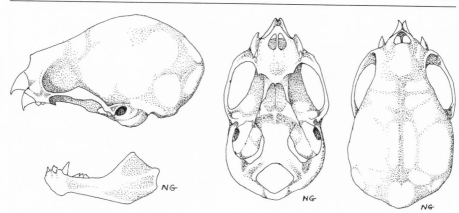

Habitat.—Captured only in the transitional forest near the northern limits of Salta. **Habitat.**—Sólo capturado en bosques de transición cerca de los límites de la provincia.

Habits.—Solitary or colonial; lives in caves and hollow trees; food habits poorly studied, but it appears to prefer blood from both wild and domestic mammals and birds. **Hábitos.**—Solitarios o coloniales; en cuevas y huecos de árboles; alimentación poco

conocida pero los registros indican una preferencia por la sangre de mamíferos silvestres y aves silvestres o de corral.

Glossophaga soricina

Pallas' Long-tongued Bat—Falso Vampiro Soricitero

Identification.—Head-body, 78; tail, 7; hind foot, 15; ear, 16; forearm, 37; weight, 11; tail included in uropatagium; snout elongated, but less so than in *Anoura*; tongue long, protractile; uropatagium wide and supported by a well-developed calcar; pelage soft, dense, and grayish brown; hairs bicolored, the base paler than the tip; size small; noseleaf small, wide at base, and pointed at the tip; ears short and rounded; dental formula 2/2, 1/1, 2/3, 3/3 = 34. **Identificación.**—Cabeza y cuerpo, 78; cola, 7; pata, 15; oreja, 16; antebrazo, 37; peso, 11; cola incluída en el uropatagio; hocico alargado pero nunca como en *Anoura*; lengua muy larga y protráctil; uropatagio ancho sostenido por el calcar bién desarrollado; pelaje suave y denso de color marrón grisáceo; pelos bicoloreados con la base más clara que la punta; tamaño pequeño; hoja nasal pequeña, ancha en la base y aguda en el extremo; orejas cortas y redondeadas; fórmula dental 2/2, 1/1, 2/3, 3/3 = 34.

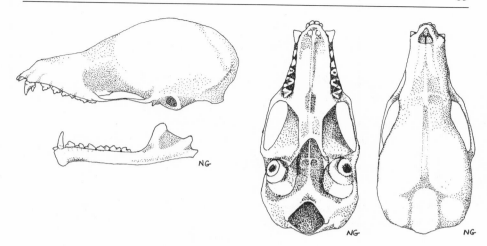

Habitat.—Moist forests and transitional forest. **Habitat.**—Selvas húmedas y bosques de transición.

Habits.—Diet varied, primarily nectarivorous, although fruit and insects also are taken; uncommon in Argentina, although colonies of up to 2000 individuals have been found in other parts of South America; inhabits caves, bridges, culverts, and less frequently, hollow trees and human dwellings; important plant pollina-

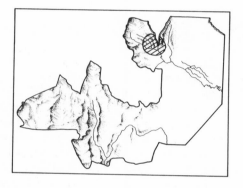

tors. **Hábitos.**—Dieta variada, principalmente nectarívoro aunque se encontraron restos de frutos e insectos en los estómagos; en Argentina es poco común, pero en otras zonas de sud américa se han encontrado colonias de hasta 2000 individuos; vive en cuevas, puentes, alcantarillas y con menor frecuencia en huecos de árboles y viviendas humanas; importante como agente polinizador debido a sus hábitos alimenticios.

Commentary.—Deforestation is leading to a diminution of the numbers of this bat in northern Argentina. **Comentarios.**—La fuerte presión e intenso talado que están sufriendo las regiones boscosas del norte de la provincia, afectan gravemente la situación poblacional de esta especie, la que desaparecerá a breve plazo.

Pygoderma bilabiatum

Ipanema Bat—Falso Vampiro Penacho Blanco

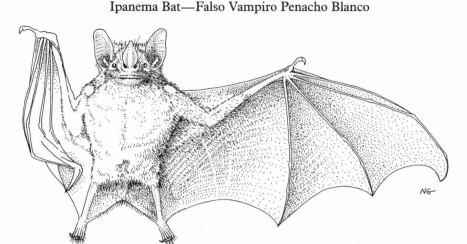

Identification.—Head-body, 55–60; hind foot, 8–13; ear, 15–16; forearm, 40–42; weight, 18–20; medium-sized; tail absent; dorsal coloration dull ochraceous, ventrally much paler colored with a grayish brown tone; spots on shoulders near proximal portion of forearms are a distinctive characteristic; ears broad with tragus small and bordered by a yellowish coloration that is easily observed; warts around mouth also have this same yellowish coloration; dental formula 2/2, 1/1, 2/2, 2/2 = 28. **Identificación.**—Cabeza y cuerpo, 55–60; pata, 8–13; oreja, 15–16; antebrazo, 40–42; peso, 18–20; tamaño mediano; cola ausente; coloración dorsal pardo ocrácea y ventralmente más clara, marrón grisácea; es muy característica (carácter distintivo) una mancha blanca en los hombros, a cada lado, cerca del comienzo del brazo anterior; orejas anchas y trago pequeño, bordeado de una coloración amarilla bien diferenciable; también alrededor de la boca se encuentran verrugas de esta coloración; fórmula dental 2/2, 1/1, 2/2, 2/2 = 28.

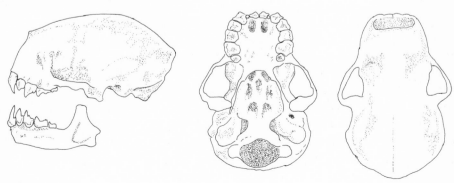

Habitat.—Only known from the subtropical wet forest in the extreme northern part of the province. **Habitat.**—Solamente conocido para la selva húmeda subtropical del extremo norte de la provincia.

Habits.—The biology of this species is practically unknown, although it is thought to be primarily a frugivore. **Hábitos.**—Se desconoce casi totalmente la biología de esta especie, aunque se piensa que se alimenta de frutos.

Sturnira erythromos

Small Yellow-shouldered Bat—Falso Vampiro Flor de Lis Menor

Identification.—Head-body, 50–63; hind foot, 8–16; ear, 13–18; forearm, 38–43; weight, 12–23; smallest species of this genus in Argentina; general coloration and basal color of hairs darker than other *Sturnira*; ochraceous shoulder patches generally absent; lower incisors bilobed; lingual margin of lower molars smooth and not serrated. **Identificación.**—Cabeza y cuerpo, 50–63; pata, 8–16; oreja, 13–18; antebrazo, 38–43; peso, 12–23; la menor de las especies Argentinas del género; coloración general y base de los pelos dorsales más oscura que las otras especies; manchas ocráceas de los hombros por lo general ausentes; incisivos inferiores bilobados; margen lingual de los molares inferiores lisos y no aserrados.

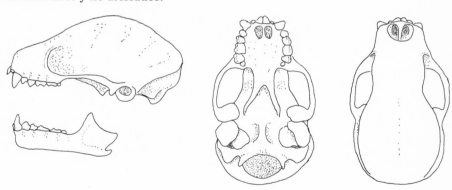

Habitat.—Moist forests and transitional forests. **Habitat.**—Bosques húmedos y de transición.

Habits.—Poorly known; frugivorous. **Hábitos.**—Poco conocidos; frugívora.

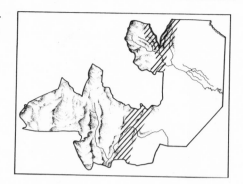

Sturnira lilium

Yellow-shouldered Bat—Falso Vampiro Flor de Lis

Identification.—Head-body, 53–67; tail absent; hind foot, 9–14; ear, 14–20; forearm, 41–46; weight, 15–20; medium size; coloration gray, with the shoulders colored a dull red in many individuals; much individual variation within any population; pelage long and soft; ears short and separated; snout short; noseleaf well differentiated but not excessively large, in the form of a fleur-de-lis; dental formula 2/2, 1/1, 2/2, 3/3 = 32. **Identificación.**—Cabeza y cuerpo, 53–67; cola ausente; pata, 9–14; oreja, 14–20; antebrazo, 41–46; peso, 15–20; tamaño mediano; coloración gris con los hombros manchados con pardo rojizo en muchos individuos, el pelaje largo y suave, bicoloreado con mucha variación individual dentro de la población; muy característico por el uropatagio muy reducido; orejas cortas, separadas entre sí; hocico corto y hoja nasal no muy grande pero bien diferenciable, en forma de flor de lis; fórmula dental 2/2, 1/1, 2/2, 3/3 = 32.

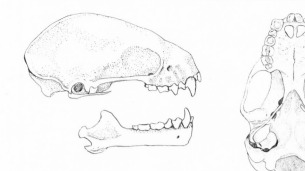

Habitat.—Principally in wet forests and transitional forests. **Habitat.**—Principalmente en bosques húmedos y de transición.

Habits.—Diet consists principally of fruits and probably also includes pollen, nectar, and insects; lives in hollow trees, caves, crevices, and buildings; found in colonies or in groups, frequently in association with other species. **Hábitos.**—Su alimento consiste principalmente en frutos de

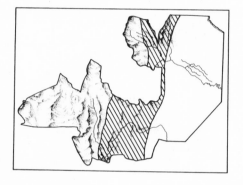

las zonas que habita y probablemente también de polen, néctar e insectos; vive en huecos en los árboles, en cuevas, y puede aprovechar grietas y aberturas de edificios; vive en colonias o grupos numerosos de individuos, en general asociado con otras especies.

Commentary.—This species tends to be confused by native people with the vampire bat (*Desmodus*), because of the lack of a tail in both species. **Comentarios.**—Suele ser confundida por los pobladores con el vampiro (*Desmodus*) por la carencia de cola.

Sturnira oporaphilum

Large Yellow-shouldered Bat—Falso Vampiro Flor de Lis Mayor

Identification.—Head-body, 58–83; hind foot, 9–10; ear, 17–19; forearm, 44–46; weight, 20–24; similar to other *Sturnira* in Salta, but larger than *S. erythromos* and generally larger than *S. lilium*; distinguished from the latter by tricolored dorsal hairs (bicolored in *S. lilium*) and lack (usually) of shoulder patches; lower molars with lingual margin smooth, not serrated; upper tooth rows parallel. **Identificación.**—Cabeza y cuerpo, 58–83; pata, 9–10; oreja, 17–19; antebrazo, 44–46; peso, 20–24; parecida a las otras especies del género presentes en Salta; mayor que *erythromos* y generalmente mayor que *lilium*; de esta última se diferencia principalmente porque las manchas de los hombros estan practicamente ausentes o poco marcadas y los pelos dorsales son tricoloreados; el margen interno de los molares inferiores es liso y no aserrado; hileras dentales superiores paralelas entre si.

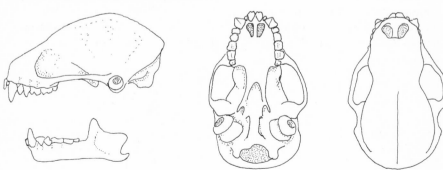

Habitat.—Primarily in moist and transitional forests, where it occurs sympatrically with the other species of *Sturnira*. **Habitat.**—Principalmente en bosques húmedos y de transición, en simpatría con las otras dos especies del género.

Habits.—Unknown; a rare species. **Hábitos.**—Desconocidos; muy escasa.

Tonatia bidens

Spix's Round-eared Bat—Falso Vampiro Oreja Redonda Grande

Identification.—Head-body, 73–84; tail, 12–21; hind foot, 15–20; ear, 25–29; forearm, 55–59; weight, 26–47; dorsal pelage short, coloration varying from gray to dark brown, generally uniformly colored; much paler ventrally; wing membranes dark brown; ears large, rounded, and not joined by a band of skin; dental formula 2/1, 1/1, 2/3, 3/3 = 32. **Identificación.**—Cabeza y cuerpo, 73–84; cola, 12–21; pata, 15–20; oreja, 25–29; antebrazo, 55–59; peso, 26–47; pelaje dorsal corto, de coloración entre gris y pardo oscuro, bastante uniforme; ventralmente más claro; membranas alares marrones oscuras; orejas grandes, redondeadas y separadas; fórmula dental 2/1, 1/1, 2/3, 3/3 = 32.

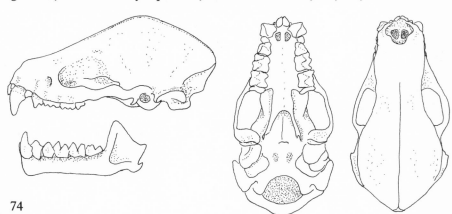

Habitat.—Transitional forest. **Habitat.**—Bosque de transición.

Habits.—Diet consists principally of fruits and insects; lives primarily in areas of very dense forest. **Hábitos.**—Se alimenta de frutas e insectos; vive principalmente en las zonas más densas de la vegetación boscosa.

FAMILY VESPERTILIONIDAE

Vespertilionid Bats

Noseleaf absent; tail contained within uropatagium (except tip in most species); first upper incisors separated from one another by an emargination of the palate; ears well developed and separated, except in *Histiotus macrotus*; tragus well developed; wings long and narrow, though not as pronounced as in the molossids; flight can be fast or slow, at high altitude or near the ground, and is specialized for capturing insects, the primary food.

Murciélagos Vespertiliónidos

Hoja nasal ausente; cola totalmente incluída en el uropatagio (excepto la punta en algunas especies); incisivos superiores internos de cada lado separados entre sí por una emarginación del borde anterior del paladar; orejas bien desarrolladas y separadas entre sí, excepto en *Histiotus macrotus*; trago bien desarrollado; alas largas y angostas, pero no tanto como en los molósidos; el vuelo puede ser veloz o lento, a gran altura o cerca del suelo, especializado para la captura de los insectos de los que se alimentan.

Eptesicus diminutus
Diminutive Brown Bat—Murciélago Tostado Enano

Identification.—Head-body, 50–55; tail, 33–37; hind foot, 5–7; ear, 12–13.5; forearm, 31.5–36; weight, 5–7; general coloration golden chestnut, ventrally yellowish gray to ochraceous; wing membranes dark; dental formula 2/3, 1/1, 1/2, 3/3 = 32. **Identificación.**—Cabeza y cuerpo, 50–55; cola, 33–37; pata, 5–7; oreja, 12–13.5; antebrazo, 31.5–36; peso, 5–7; coloración general dorsal castaño dorada, ventralmente gris amarillento a ocráceo; membranas alares pardas; fórmula dental 2/3, 1/1, 1/2, 3/3 = 32.

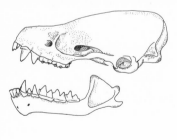 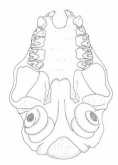 

Habitat.— Moist forests and savannas. **Habitat.—**Selvas y sabanas húmedas.

Habits.—Insectivorous. **Hábitos.—**Insectívoros.

Commentary.—This is the smallest species of this genus occurring in Salta. **Comentarios.—**Es la más pequeña de las especies salteñas del género.

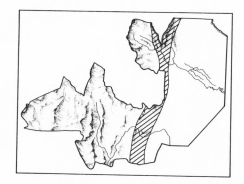

Eptesicus furinalis

Argentine Brown Bat—Murciélago Parduzco

Identification.—Head-body, 55–60; tail, 37–45; hind foot, 7–10; ear, 13–16; forearm, 38–41; weight 7–10; species in this genus are difficult to differentiate at first glance from bats of the genus *Myotis* because of their generally similar aspect, especially because of their similar size and because members of both genera have the tail totally contained within the uropatagium; they may be distinguished by the blunt or rounded tragus of *Eptesicus* and the absence of hair on its uropatagium; *Myotis*, on the other hand, has a pointed tragus, and the base of its uropatagium is hairy; *Eptesicus furinalis* is characterized by its short pelage, pale brown coloration, and its size, which is larger than any other species of this genus that occurs in the province; dental formula 2/3, 1/1, 1/2, 3/3 = 32. **Identificación.**—Cabeza y cuerpo, 55–60; cola, 37–45; pata, 7–10; oreja, 13–16; antebrazo, 38–41; peso, 7–10; las especies de este género son difícilmente diferenciable a simple vista de los murciélagos del género *Myotis* por la conformación general tan similar, especialmente el tamaño, y la cola totalmente incluída en el uropatagio; sin embargo, morfológicamente pueden separarse por tener *Eptesicus* el trago romo o redondeado y la base del uropatagio sin pelos, al contrario de *Myotis* donde el trago es punteagudo y la base del uropatagio peluda; *Eptesicus furinalis* está caracterizada por su pelaje corto, coloración marrón pálida y tamaño grande, mayor que la otra especie del género que está indicada para la provincia; fórmula dental 2/3, 1/1, 1/2, 3/3 = 32.

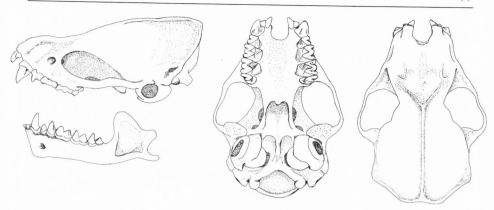

Habitat.—Forested habitats. **Habitat.**—Zonas boscosas.

Habits.—Insectivorous; inhabits caves and hollow trees; generally forms colonies that may be quite large. **Hábitos.**—Insectívoro; habita cuevas y árboles huecos; generalmente formando colonias más o menos numerosas.

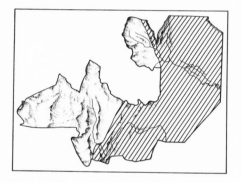

Histiotus macrotus

Big-eared Brown Bat—Murciélago Orejón Grande

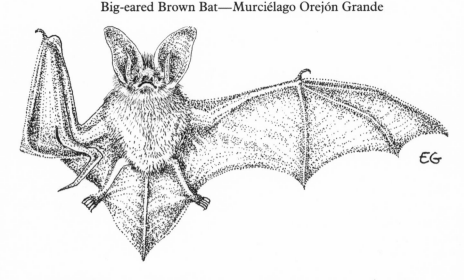

Identification.—Head-body, 48–60; tail, 45–55; hind foot, 7–11; ear, 35–40; forearm, 44–48; weight, 11; ears large and rounded; tragus long; dorsal coloration dark brown, grayish brown ventrally; uropatagium membranous with a delicate aspect, tail entirely included within it; pelage long and lax; the long ears that characterize this genus are, in this species, united by a fine basal membrane that, seen from above, forms a U; this union of the ears serves as a species-specific characteristic distinguishing this species and *H. montanus;* *H. macrotus* is larger than *H. montanus;* dental formula 2/3, 1/1, 1/2, 3/3 = 32.

Identificación.—Cabeza y cuerpo, 48–60; cola, 45–55; pata, 7–11; oreja, 35–40; antebrazo, 44–48; peso, 11; orejas muy grandes y redondeadas; trago largo; coloración dorsal marrón oscura, ventralmente marrón grisáceo; uropatagio membranoso y de aspecto delicado, cola totalmente incluída en él; pelaje largo y muy suave; las orejas, características de este género, están unidas en esta especie por una fina membrana basal que vista desde arriba toma una forma de U; esta unión de las orejas sirve como característica diferencial con *H. montanus*, además de su tamaño mayor; fórmula dental 2/3, 1/1, 1/2, 3/3 = 32.

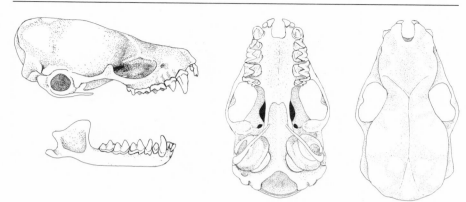

Habitat.—Subtropical forests and transitional forests. **Habitat.**—Selvas subtropicales y bosque de transición.

Habits.—Insectivorous; lives in hollow trees and human habitations; frequently encountered in association with other bats. **Hábitos.**—Insectívoro; vive en huecos de árboles y también es frecuente encontrarlo en habitáculos humanos; frecuentemente se encuentra en asociación con otros murciélagos.

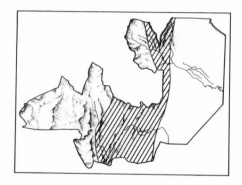

Lasiurus borealis
Red Bat—Murciélago Rojizo

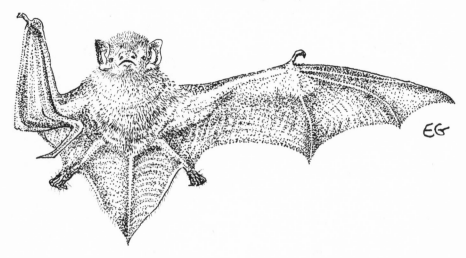

Identification.—Head-body, 48–54; tail, 44–47; hind foot, 7–9; ear, 9–11; forearm, 37–42; weight, 7–9; size medium; uropatagium well furred dorsally; ears short and rounded; tragus extending for approximately half the length of the ears; pelage dense and fine, extending onto wing membrane dorsally; ventrally, pelage covers forearm as well as those portions of membrane bordering abdomen; coloration reddish brown, resulting from a combination of hairs that are tricolored, black at the base, yellowish in the middle, and reddish at the tips; whitish or yellowish spot on shoulder; cheeks and throat yellowish, whereas the rest of the ventrum is grayish; dental formula 1/3, 1/1, 2/2, 3/3 = 32.

Identificación.—Cabeza y cuerpo, 48–54; cola, 44–47; pata, 7–9; oreja, 9–11; antebrazo,.37–42; peso, 7–9; tamaño mediano; uropatagio muy peludo por el lado dorsal; orejas cortas con las puntas redondeadas; trago aproximadamente la mitad del tamaño de las orejas; pelaje muy denso y suave, se extiende hacia la membrana alar dorsalmente; ventralmente el pelo cubre el antebrazo como también la porción de membrana que bordea al abdomen; coloración rojizo pardusca resultando de la combinación de los pelos que son tricoloreados, negros en la base, amarillentos al medio y rojizos en las puntas; mancha blanca o amarillenta en el hombro; las mejillas y garganta son amarillentas mientras el resto de la superficie ventral es grisácea; fórmula dental 1/3, 1/1, 2/2, 3/3 = 32.

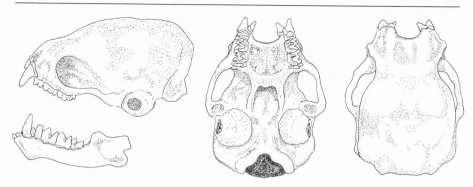

Habitat.—This species may be encountered throughout most of the province, but is more common in arid and semiarid zones. **Habitat.**—Se puede encontrar en casi toda la provincia, pero es más común en áreas secas.

Habits.—Lives in trees, but may be encountered in human habitations; in trees, these bats hang from the foliage and are camouflaged by their coloration; they begin flying early in the evening, and are commonly seen

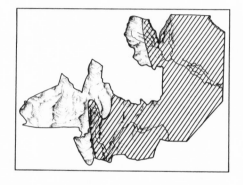

flying over cities, particularly over fountains and other places where water has accumulated; will frequently change roosting sites; migrate each year for long distances; insectivorous. **Hábitos.**—Vive en árboles, pero puede encontrarse en construcciones humanas; en los árboles, cuelga del follaje camuflado por su pelaje; comienza su vuelo temprano y es común observarlo en las ciudades y sobre fuentes y otros acúmulos de agua; generalmente cambia el sitio donde vive y realiza vuelos migratorios; come insectos.

Lasiurus cinereus

Hoary Bat—Murciélago Blancuzco

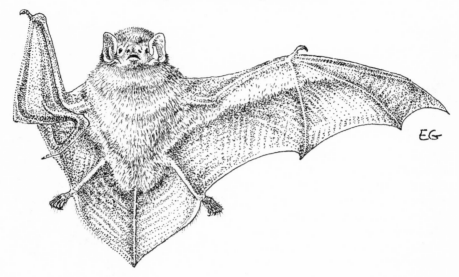

Identification.—Head-body, 55–75; tail, 55–60; hind foot, 8–11; ear, 17–19; forearm, 52–55; weight, 15–20; size large, much larger than *Lasiurus borealis*; ears small and bordered in black; general characteristics of the pelage similar to *L. borealis* except that coloration is grayish with tips of hairs white; band of yellowish hairs forms a collar around the neck; whitish or yellowish shoulder spots; general color of the fur is a mixture of pale yellow, dull black, gray, and white; the characteristic gray and white colors of the species give it its common name, hoary bat, but a reddish phase is not uncommon; dental formula 1/3, 1/1, 2/2, 3/3 = 32. **Identificación.**—Cabeza y cuerpo, 55–75; cola, 55–60; pata, 8–11; oreja, 17–19; antebrazo, 52–55; peso, 15–20; tamaño grande, mucho mayor que *Lasiurus borealis*; orejas pequeñas bordeadas de negro; características del pelaje similares a *L. borealis*, excepto en la coloración que en éste es grisácea con la punta de los pelos blanca; alrededor del cuello una banda de pelos amarillentos a modo de collar; mancha blanca o amarillenta en el hombro; color general del pelo es una mezcla de amarillo pálido, pardo negruzco, gris y blanco; los colores gris y blanco, le dan a esta especie un aspecto característico al que debe su nombre común de escarchado o blancuzco; existe también una fase rojiza; fórmula dental 1/3, 1/1, 2/2, 3/3 = 32.

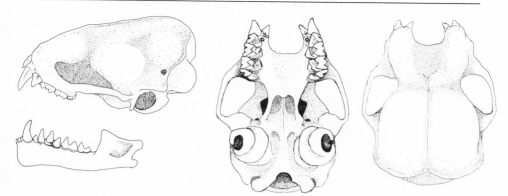

Habitat.—In forests and towns.
Habitat.—Vive tanto en bosques
como en ciudades.

Habits.—Generally solitary or may
be found in small groups; migratory;
has a very rapid flight; insectivorous.
Hábitos.—Generalmente es solitario o
vive en grupo de pocos individuos;
de hábitos migratorios; vuelo muy
rápido; come insectos.

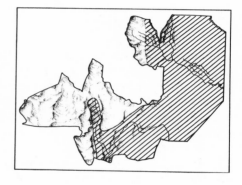

Myotis albescens
Silver-tipped Myotis—Myotis Blancuzco

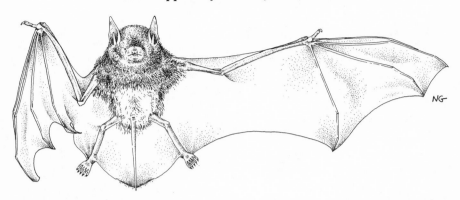

Identification.—Head-body, 50–60; tail, 25–30; hind foot, 6–8; ear, 13–15; forearm, 33–35; weight, 5–7; only slightly larger than *M. nigricans* and similar to that species, but with a different coloration; dark brownish dorsally, with tips of hairs pale yellowish; characteristic color ventrally, with tips of hairs white and bases pale brown; legs almost white and wing membrane reddish; anal region white; dental formula 2/3, 1/1, 3/3, 3/3 = 38. **Identificación.**— Cabeza y cuerpo, 50–60; cola, 25–30; pata, 6–8; oreja, 13–15; antebrazo, 33–35; peso, 5–7; apenas mayor que *M. nigricans*; de aspecto similar aunque diferente coloración; dorsalmente pardo oscuro, con la punta de los pelos amarillento pálido; ventralmente tiene una apariencia característica con la punta de los pelos blancos, aunque por la parte basal éstos son marrón claro; las piernas claras, casi blancas y membrana alar rojiza; región anal blanca; fórmula dental 2/3, 1/1, 3/3, 3/3 = 38.

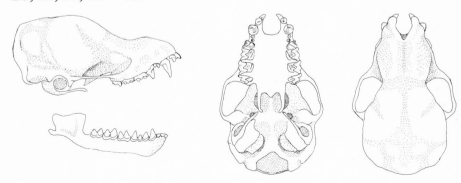

Habitat.—In dry or humid forests east of the mountainous regions; may be encountered in deforested regions or in areas of cultivation. **Habitat.**—En bosques secos o húmedos al este de la zona montañosa; puede encontrarse en zonas taladas o de cultivo.

Habits.—Similar to those of *M. nigricans*; not a common species; insectivorous. **Hábitos.**—Parecidos a la especie anterior; no es muy común; insectívoro.

Myotis keaysi

Hairy-legged Myotis—Myotis Piernas Peludas

Identification.—Head-body, 49–50; tail, 41–47; hind foot, 7–8; ear, 11–12; forearm, 40–42; weight, 10; similar to *M. nigricans*, but forearm longer; fur extends from base of uropatagium over one-third its length, extending beyond knees; coloration dark, dorsal hairs slightly bicolored, with base dark brown and tips tan; sagittal crest evident, but low; dental formula 2/3, 1/1, 3/3, 3/3 = 38. **Identificación.**—Cabeza y cuerpo, 49–50; cola, 41–47; pata, 7–8; oreja, 11–12; antebrazo, 40–42; peso, 10; similar a *nigricans* pero antebrazo notablemente mayor; pelaje extendido sobre un tercio del uropatagio y sobrepasando las rodillas; coloración oscura, pelos apenas bicoloreados con las bases marrones oscuras y las puntas pardas; cráneo con cresta sagital baja pero evidente; fórmula dental: 2/3, 1/1, 3/3, 3/3 = 38.

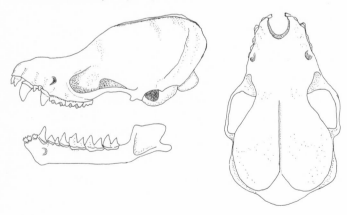

Habitat.—Generally above 2000 meters, but it may range widely and include the transitional forest, as well as other major macrohabitats. **Habitat.**—Generalmente asociada a zonas de altura por encima de los 2000 metros, pero su dispersión en la provincia parece ser más ámplia ocupando diferentes ambientes, incluidos los bosques de transición.

Habits.—Practically unknown; known in Salta only from a single specimen. **Hábitos.**—Biología practicamente desconocida; muy escasa en Argentina y sólo conocida en una localidad en la provincia.

Myotis levis

Common Myotis—Myotis Común

Identification.—Head-body, 41–47; tail, 35–40; hind foot, 6–8; ear, 12–15; forearm, 35–38; weight, 4–7; size small; ears small; tail long and enclosed entirely within the uropatagium; wing membranes thin; hair silky and long; snout narrow; coloration reddish dorsally, base of hairs darker, almost black; grayish white ventrally; coloration variable even within individuals from the same colony; dental formula 2/3, 1/1, 3/3, 3/3 = 38. **Identificación.**—Cabeza y cuerpo, 41–47; cola, 35–40; pata, 6–8; oreja, 12–15; antebrazo, 35–38; peso, 4–7; tamaño pequeño; ojos pequeños; cola larga, totalmente incluída en el uropatagio; membranas de las alas delgadas; pelo sedoso y largo; hocico fino; coloración rojiza, dorsalmente con la base de los pelos más oscura, casi negra; ventralmente gris blancuzco; la coloración puede ser variable, aún en individuos de una misma colonia; fórmula dental 2/3, 1/1, 3/3, 3/3 = 38.

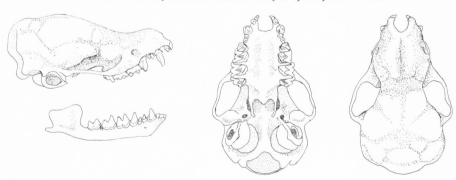

Habitat.—Frequents arid and semiarid zones. **Habitat.**—Frecuenta zonas áridas y semiáridas.

Habits.—Insectivorous; very good flyer; foraging flights are alternated with periods of rest during the evening; at dawn returns to diurnal resting places that generally are abandoned houses, areas beneath bridges, and crevices; a common bat in its range. **Hábitos.**—Alimentación insectívora; alterna vuelos de alimentación con períodos de reposo durante la noche; durante el amanecer regresa a su lugar de descanso diurno que generalmente incluye casas y construcciones abandonadas, entre tejados, debajo de techos y en grietas; común.

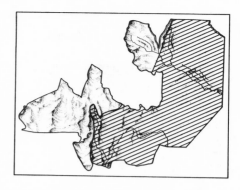

Myotis nigricans

Black Myotis—Myotis Castaño

Identification.—Head-body, 38–50; tail, 33–44; hind foot, 6–8; ear, 12–15; forearm, 33–35; weight, 3–6; the smallest *Myotis* that occurs in Salta; general coloration dark, practically black, with the venter and the wing membranes paler colored; it is similar to the other species of the genus, but its pelage is less woolly and thick; tragus long; dental formula 2/3, 1/1, 3/3, 3/3 = 38.

Identificación.—Cabeza y cuerpo, 38–50; cola, 33–44; pata, 6–8; oreja, 12–15; antebrazo, 33–35; peso, 3–6; de menor tamaño que las otras especies del género que ocurren en la provincia; coloración general oscura, casi negra, siendo la parte ventral y membranas alares un poco más pálidas; similar a las otras especies pero su pelaje es menos lanoso y espeso; hoja nasal ausente; trago largo; fórmula dental 2/3, 1/1, 3/3, 3/3 = 38.

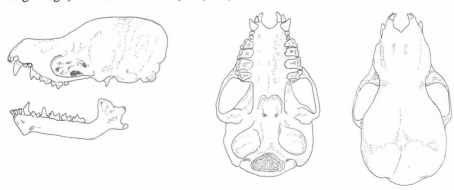

Habitat.—Forest, preferably in mesic areas. **Habitat.**—Bosques y selvas, preferentemente en áreas húmedas.

Habits.—Insectivorous, foraging in flight; frequently encountered in family groups of mothers and young, or in colonies; males are sometimes solitary; may live associated with other bats, although generally they form groups of the same species; frequents hollow trees and cracks in trees, caves, and occasionally human habitations, although not as frequently as other *Myotis*. **Hábitos.**— Fuertemente insectívoro, de alimenta-

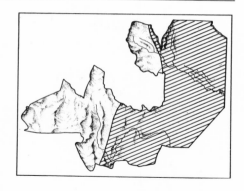

ción al vuelo; frecuentemente se los encuentra en grupos familiares de hembras y crías o en colonias; a veces los machos son solitarios; puede vivir asociado con otros murciélagos, aunque por lo general lo hace con individuos de la misma especie; habita huecos y grietas de los árboles, cuevas y ocasionalmente en viviendas humanas, aunque no tan comúnmente como las otras especies.

FAMILY MOLOSSIDAE

Free-tailed Bats

Murciélagos Cola de Ratón

Terminal part of tail extending beyond the uropatagium; wings long and narrow; noseleaf absent; fifth digit as long as third metacarpal; feet small and rounded with claws recurved like hooks on the first and fifth digits; small (*Molossops temminckii*) to large (*Eumops perotis*); highly specialized to feed on flying insects; flight rapid, frequently high; generally colonial, although some live in pairs or are solitary; frequents urban areas.

Una porción de la cola libre, sobrepasando el margen posterior del uropatagio; hoja nasal ausente; alas angostas y largas; quinto dedo tan largo como el tercer metacarpal; patas pequeñas y redondeadas, con cerdas curvadas a modo de ganchos en la superficie exterior del primero y quinto dedo; de tamaño pequeño (*Molossops temminckii*) a grande (*Eumops perotis*); alta especialización para la alimentación insectívora al vuelo; vuelo rápido y alto; generalmente coloniales, con algunas especies que viven solitarias o en parejas; colonizadores de áreas urbanas y semiurbanas.

Cynomops planirostris
Southern Dog-faced Bat—Moloso de Hocico Chato

Identification.—Head-body, 63; tail, 24; hind foot, 6–7; ear, 15–16; forearm, 32–34; weight, 11–12; ears shorter than the head length; tragus small; tail extends beyond limits of uropatagium; whitish ventral spot extends to neck and jawbone and is characteristic; size larger than *M. temminckii*; dental formula 1/2, 1/1, 1/2, 3/3 = 28. **Identificación.**—Cabeza y cuerpo, 63; cola, 24; pata, 6–7; oreja, 15–16; antebrazo, 32–34; peso, 11–12; orejas más cortas que la cabeza; trago pequeño; la cola se proyecta más allá del uropatagio dejando un extremo libre; ventralmente presenta una mancha blancuzca típica que se extiende hasta el cuello y quijada; hocico largo y aplastado que le confiere un aspecto característico; tamaño mayor que *M. temminckii*; fórmula dental 1/2, 1/1, 1/2, 3/3 = 28.

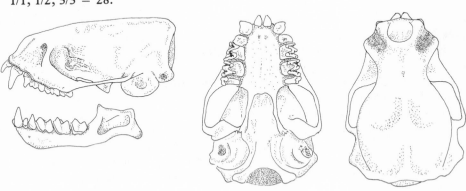

Habitat.—Montane forests; uncommon. **Habitat.**—Bosques serranos; poco común.

Habits.—Poorly known; insectivorous. **Hábitos.**—Poco conocidos; insectívoro.

Eumops bonariensis

Peters' Mastiff Bat—Moloso Orejiancho

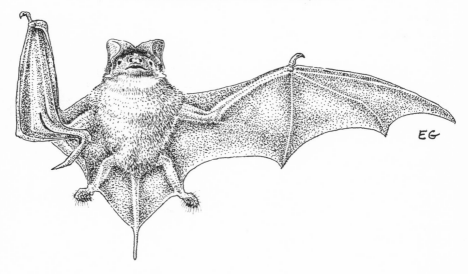

Identification.—Head-body, 90–98; tail, 33–40; hind foot, 7–10; ear, 14–20; forearm, 43–47; weight, 10–15; dorsal coloration reddish chestnut to dark chestnut; venter paler with gray tones; ears large and broad, extending beyond the snout when laid forward; upper lip with many stiff bristles that point downward; snout thick, with large, well-separated nostrils; upper lip without grooves; wing membrane inserts on heel; uropatagium encloses slightly more than half the tail; dental formula 1/2, 1/1, 2/2, 3/3 = 30. **Identificación.**— Cabeza y cuerpo, 90–98; cola, 33–40; pata, 7–10; oreja, 14–20; antebrazo, 43–47; peso, 10–15; pelaje dorsal de coloración canela rojizo o canela oscuro; ventralmente más claro con tonalidades grises; orejas grandes y anchas que sobrepasan el hocico cuando descansan hacia adelante; labio superior con numerosos pelos como cerdas rígidas hacia abajo; hocico grueso, narinas grandes y separadas; labio superior sin pliegues; membrana alar se inserta en los talones; uropatagio envuelve un poco más de la mitad de la cola; fórmula dental 1/2, 1/1, 2/2, 3/3 = 30.

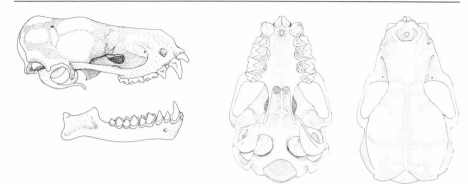

Habitat.—Chacoan; uncommon. **Habitat.**—Frecuenta la zona chaqueña; poco común.

Habits.—Insectivorous; like other molossids this species flies high and rapidly. **Hábitos.**—Insectívoro; como los otros molósidos, vuela alto y rápido.

Eumops glaucinus

Wagner's Mastiff Bat—Moloso Blanquecino

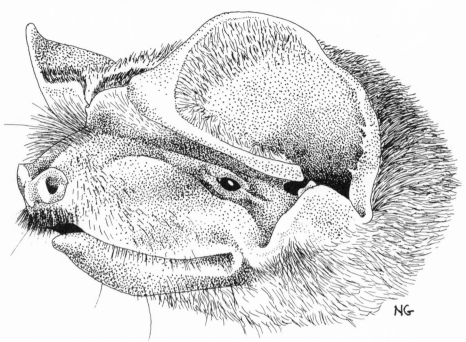

Identification.—Head-body, 85–93; tail, 9–10; hind foot, 10–13; ear, 24; forearm, 62–64; weight, 24; dorsal coloration reddish gray with a basal white band on the hairs; paler ventrally; tragus squarish and broad; ears large and wide, as is typical for the genus; lips wrinkled; dental formula 1/2, 1/1, 2/2, 3/3 = 30. **Identificación.**—Cabeza y cuerpo, 85–93; cola, 9–10; pata, 10–13; oreja, 24; antebrazo, 62–64; peso, 24; pelaje dorsal de color canela grisáceo con la base de los pelos blanca; ventralmente más pálido; trago cuadrado y ancho; orejas grandes, anchas, típicas del género, al igual que los pliegues de los labios; fórmula dental 1/2, 1/1, 2/2, 3/3 = 30.

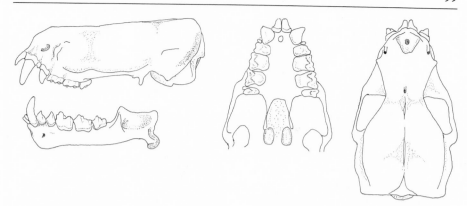

Habitat.—Deserts, scrublands, and montane forests. **Habitat.**— Monte y bosque serrano.

Habits.—Insectivorous; flight is very rapid and high. **Hábitos.**— Insectívoro; vuela muy rápido y alto.

Eumops perotis

Greater Mastiff Bat—Moloso Gigante

Identification.—Head-body, 100–125; tail, 50–60; hind foot, 18–20; ear, 35–45; forearm, 70–80; weight, 60–75; large, practically twice as large as the preceding species; ears large and broad, larger than the head, united at their anterior edge; tragus large and squarish; lips smooth, without wrinkles or warts; coloration dull grayish brown, lighter on the ventrum; easily distinguished by its large size and large ears; largest molossid in Argentina; dental formula 1/2, 1/1, 2/2, 3/3 = 30. **Identificación.**—Cabeza y cuerpo, 100–125; cola, 50–60; pata, 18–20; oreja, 35–45; antebrazo, 70–80; peso, 60–75; grande, casi el doble de tamaño de la especie anterior; orejas grandes y anchas, unidas entre sí por el extremo anterior, de tamaño mayor que la cabeza; trago grande y cuadrado; labios lisos sin verrugas; coloración parda, más clara por el vientre; muy fácil de distinguir por su gran tamaño y orejas y por ser el mayor de los molósidos de Argentina; fórmula dental 1/2, 1/1, 2/2, 3/3 = 30.

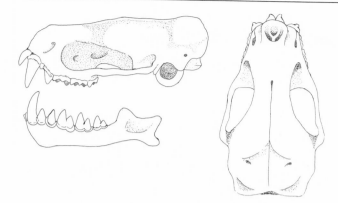

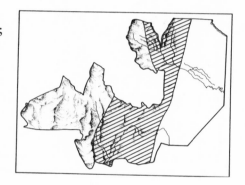

Habitat.—Generally occurs in mountainous zones; common in cities; prefers areas with forests that are not too dense. **Habitat.**—Generalmente occurren al este de las zonas montañas; son comúnes en ciudades; prefieren áreas con bosques no muy densos.

Habits.—Insectivorous; lives in trees and buildings in populated areas; probably roosts in association with other molossids; there is a marked sexual dimorphism in the species, with males being larger than females. **Hábitos.**—Insectívoro; vive en árboles y edificios en áreas urbanas; probablemente se encuentra asociado a otras especies de molósidos; hay un notable dimorfismo sexual (el mayor en el género), siendo los machos de mayor tamaño que las hembras.

Molossops temminckii

Dwarf Dog-faced Bat—Moloso Pigmeo

Identification.—Head-body, 47–50; tail, 25–30; hind foot, 4–7; ear, 12–14; forearm, 29–31; weight, 5–7; size small; ears small, shorter than the head length and well separated, with the tip pointed; tragus triangular with a broad base; snout blunt; lips smooth, without warts or wrinkles; coloration dull chestnut; tail partially enclosed in the uropatagium, with about 25% extending beyond; dental formula 1/1, 1/1, 1/2, 3/3 = 26. **Identificación.**—Cabeza y cuerpo, 47–50; cola, 25–30; pata, 4–7; oreja, 12–14; antebrazo, 29–31; peso, 5–7; tamaño pequeño; orejas chicas, menores que la cabeza y bien separadas entre sí, con el extremo punteagudo; trago triangular con base ancha; hocico obtuso; labios lisos, sin verrugas; coloración pardo castaño; cola parcialmente encerrada por el uropatagio de modo que queda una porción (25%) libre de él; fórmula dental 1/1, 1/1, 1/2, 3/3 = 26.

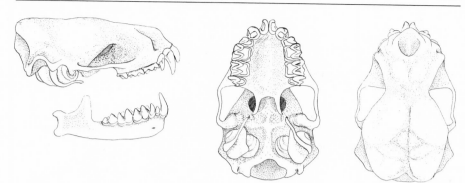

Habitat.—Subtropical forests and chacoan vegetation. **Habitat.**—Bosques subtropicales y vegetación chaqueña.

Habits.—These bats occur as solitary individuals or in small groups, in hollow trees, fallen logs, or in the foliage of trees; insectivorous. **Hábitos.**—Se encuentra solitario o en grupos pequeños, en huecos de los árboles, entre las hojas y en troncos caídos; insectívoro.

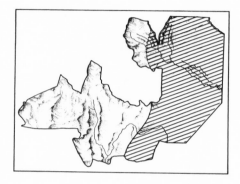

Molossus ater

Red Mastiff Bat—Moloso Castaño Grande

Identification.—Head-body, 116–130; tail, 42–43; hind foot, 11–15; ear, 15–18; forearm, 46–51; weight, 25–40; similar to *M. molossus*, but larger; general dorsal coloration reddish with the dorsum darker than the venter; a gray color phase also exists; gular sac evident in both sexes (in the previous species females either lack the gular sac or have only a small one); wing membranes with hairs along sides of body and on ventral portion of forearm; this genus is characterized by a medial longitudinal crest on the snout that extends from between the nostrils to between the eyes; ears of medium size and united; antitragus large and squarish with rounded borders; dental formula 1/1, 1/1, 1/2, 3/3 = 26. **Identificación.**—Cabeza y cuerpo, 116–130; cola, 42–43; pata, 11–15; oreja, 15–18; antebrazo, 46–51; peso, 25–40; de aspecto similar a *M. molossus*, pero de mayor tamaño; coloración general rojiza, con el dorso más oscuro que el lado ventral; existe también una fase de coloración grisácea; saco gular a la altura del cuello muy notable tanto en machos como en las hembras, lo que no sucede en la especie menor donde en las hembras está reducido o ausente; membranas alares con pelos a los lados del cuerpo y del antebrazo por la cara ventral; característico de este género es una cresta media longitudinal en el hocico, que va desde el medio de los orificios nasales hasta el medio de los ojos; orejas medianas y unidas entre sí; antitrago grande y de aspecto cuadrado con los bordes redondeados; fórmula dental 1/1, 1/1, 1/2, 3/3 = 26.

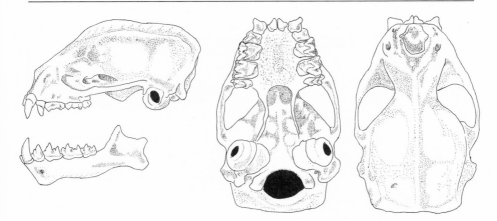

Habitat.—Forests and savannas.
Habitat.—Frecuenta sabanas y selvas.

Habits.—Agile flight; efficient at capturing insects at different heights above the ground, from immediately above the surface to high altitudes; frequents caves, hollow trees, crevices, and human dwellings; found in groups or as solitary individuals. **Hábitos.**—Vuelo muy hábil y eficiente en la captura de insectos, que puede atrapar a distintos niveles, desde

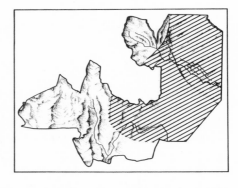

cerca del piso hasta grandes alturas; habita cuevas, huecos de árboles, grietas y viviendas humanas, en grupos o solitarios.

Molossus molossus

Pallas' Mastiff Bat—Moloso Coludo

Identification.—Head-body, 58–65; tail, 35–40; hind foot, 6–9; ear, 10–15; forearm, 38–42; weight, 14–18; generally similar to *Promops*, but differs in having antitragus greatly reduced; ears similar to *Promops*; appears muscular; coloration dull red or gray; pelage short; whitish base of dorsal hairs is not always evident at first glance; dental formula 1/1, 1/1, 1/2, 3/3 = 26. **Identificación.**—Cabeza y cuerpo, 58–65; cola, 35–40; pata, 6–9; oreja, 10–15; antebrazo, 38–42; peso, 14–18; de aspecto muy parecido a *Promops*, pero difiere de éste por tener el antitrago muy reducido; orejas parecidas; aspecto muscu-loso; coloración pardo rojiza o grisácea; pelaje corto; los pelos del lado dorsal tienen por la base una coloración blanquecina que no es notable a simple vista; la membrana alar se inserta a la mitad de la tibia; fórmula dental 1/1, 1/1, 1/2, 3/3 = 26.

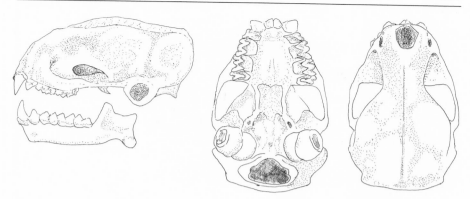

Habitat.—Forests in the eastern portions of the province. **Habitat.**—Bosques del este de la provincia.

Habits.—Lives in groups of many individuals, primarily in buildings and in hollow trees; frequently found in association with other species of bats; flies in the early afternoon when sunlight is still strong; insectivorous. **Hábitos.**—Vive en grupos de muchos individuos, principalmente en edificios y en huecos de árboles; puede encontrarse en asociación con otras especies de murciélagos; vuela a partir de horas de la tarde cuando aún la luz es fuerte; alimentación insectívora.

Nyctinomops laticaudatus

Broad-tailed Bat—Moloso Cola de Ratón Mediano

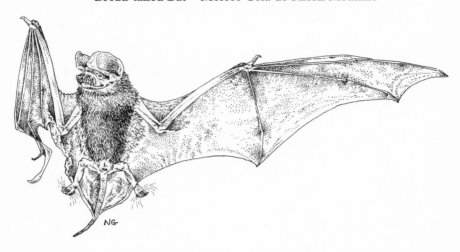

Identification.—Head-body, 92–112; tail, 34–45; hind foot, 8–10; ear, 21; forearm, 41–45; weight, 14; dorsal coloration dull brown and uniform with some paler tones at base of hairs; ventral coloration pale brown with grayish tones; lips with characteristic wrinkles; ears large; dental formula 1/2, 1/1, 2/2, 3/3 = 30. **Identificación.**—Cabeza y cuerpo, 92–112; cola, 34–45; pata, 8–10; oreja, 21; antebrazo, 41–45; peso, 14; coloración pardo oscuro casi uniforme con tonos claros en la parte basal de los pelos; vientre pardo claro con tonalidades grisáceas; labios con pliegues característicos; orejas grandes; fórmula dental 1/2, 1/1, 2/2, 3/3 = 30.

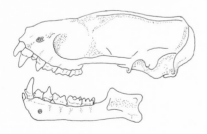

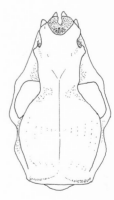

Habitat.—Captured only in the mesic/transitional forest zone near Orán. **Habitat.**—Solamente capturado en la mezcla del bosque húmedo y de transición cerca de Orán.

Habits.—Insectivorous.
Hábitos.—Insectivora.

Nyctinomops macrotis

Big Free-tailed Bat—Moloso Cola de Ratón Grande

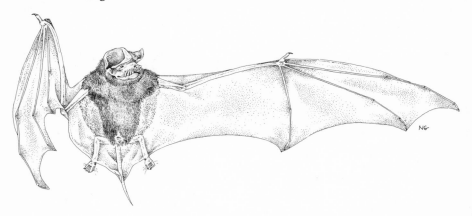

Identification.—Head-body, 126–170, tail, 50–54; hind foot, 10.6; ear, 25.8–28.0; forearm, 58–62; weight, 20; largest molossid in Salta after *E. perotis*; ears large, united at midline of head and, if projected anteriorly, extending beyond the nose; lips with deep and extensive wrinkles; wing membrane attached to body at middle of tibia; mustache just below nostrils; dorsally dark brown with base of hairs paler, gray or white; venter paler than dorsum; upper incisors parallel, as in *N. laticaudatus* (in *T. brasiliensis* they are convergent); dental formula 1/2, 1/1, 2/2, 3/3 = 30. **Identificación.**—Cabeza y cuerpo, 126–170; cola, 50–54; pata, 10.6; oreja, 25.8–28.0; antebrazo, 58–62; peso, 20; es la especie mayor de tamaño de los molósidos de Salta despues de *E. perotis*; orejas grandes, unidas en el medio de la cabeza y proyectadas hacia adelante sobrepasan el borde anterior del hocico; labios con pliegues grandes y profundos; membrana alar unida al cuerpo a la altura de la mitad de la tibia; bigotes en el labio superior debajo de las narinas; coloración dorsal pardo oscuro con las bases de los pelos más claras, ceniza o blancas; ventralmente más pálido que el dorso; incisivos superiores paralelos entre sí, al igual que en *N. laticaudatus* y a diferencia de *T. brasiliensis* donde son convergentes; fórmula dental 1/2, 1/1, 2/2, 3/3 = 30.

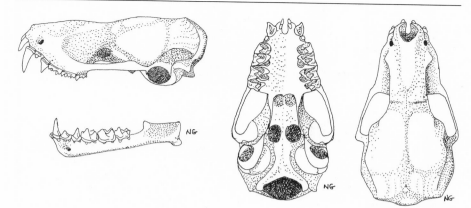

Habitat.—Poorly known in Argentina; seems to prefer natural habitats, such as rock fissures on cliffsides, in mountainous regions that are forested or in transitional forest. **Habitat.**—Poco conocido en Argentina; parece preferir ambientes naturales, cuevas y grietas en las laderas de los cerros en zonas boscosas y de transición.

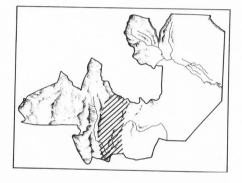

Habits.—Insectivorous, with a preference for moths of the family Sphingidae, indicating rather large insect prey; no information available on reproduction. **Hábitos.**—Alimentación insectívora con una fuerte tendencia hacia los lepidópteros de la familia Sphingidae, lo que indica presas de tamaño relativamente grande; reproducción desconocida.

Promops nasutus

Brown Mastiff Bat—Moloso Moreno

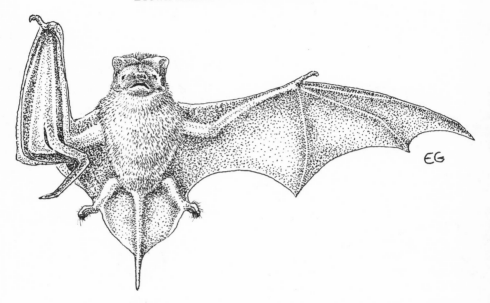

Identification.—Head-body, 65–70; tail, 50–52; hind foot, 7–11; ear, 14; forearm, 47; weight, 13–14; general coloration dull sepia; ears short and rounded with extensions above the head that appear as if united at the base, although they are not; antitragus well developed and squarish; nostrils separated by a groove; a group of short bristles below the nostrils on the upper lip suggesting a mustache; snout elevated, forming a pronounced bump between forehead and nostrils; wing membranes and patagia narrow; individuals may be identified by virtue of possessing upper incisors that project anteriorly; dental formula 1/2, 1/1, 2/2, 3/3 = 30. **Identificación.**—Cabeza y cuerpo, 65–70; cola, 50–52; pata, 7–11; oreja, 14; antebrazo, 47; peso, 13–14; coloración general del cuerpo pardo sepia; orejas cortas y redondeadas, con prolongaciones sobre la cabeza que ofrecen el aspecto de unidas entre sí, aunque no lo están; antitrago desarrollado y de forma cuadrada; narinas separadas por un surco entre ellas; un grupo de cerdas cortas por debajo de las narinas, en el labio superior, con aspecto de bigote; hocico muy levantado formando una marcada pendiente entre la frente y las narinas; membranas alares y patagio angostas; cuando se captura un ejemplar puede identificarse por los incisivos superiores proyectados hacia adelante; membrana alar unida a la altura de los tobillos; fórmula dental 1/2, 1/1, 2/2, 3/3 = 30.

112

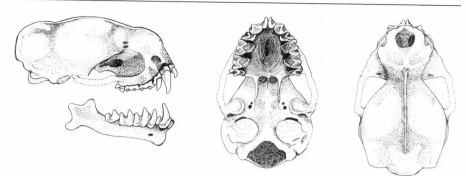

Habitat.—Monte desert and transitional forest. **Habitat.**—Desierto de monte y bosque de transición.

Habits.—Insectivorous; does not appear to be as gregarious as other molossids; lives in hollow trees and in foliage; captures insects in flight. **Hábitos.**—Insectívoro; no parece ser tan gregario como otros molósidos; vive en huecos, árboles y en el follaje; captura insectos al vuelo.

Tadarida brasiliensis

Guano Bat—Moloso Común

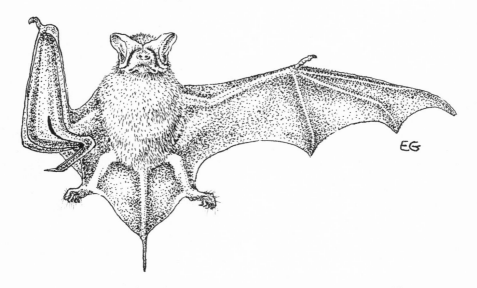

Identification.—Head-body, 55–65; tail, 30–40; hind foot, 7–11; ear, 15–20; forearm, 40–45; weight, 10–15; coloration dark brownish on the dorsum and grayish on the ventrum; ears large in relation to the size of the head and separated, although at first glance they appear to be united along their anterior bases; when the ears are extended forward, they do not extend beyond the point of the nose; snout broad and truncated with a groove between the nostrils; upper lip with numerous vertical grooves; dental formula 1/3, 1/1, 2/2, 3/3 = 32. **Identificación.**—Cabeza y cuerpo, 55–65; cola, 30–40; pata, 7–11; oreja, 15–20; antebrazo, 40–45; peso, 10–15; coloración pardo oscura por el dorso y grisáceo por el vientre; orejas grandes en relación al tamaño de la cabeza y separadas entre sí, aunque a simple vista parecen estar unidas por su extremo anterior; las orejas cuando se extienden hacia adelante no sobrepasan la punta de la nariz; hocico ancho y truncado con un surco entre las narinas; labio superior con numerosos pliegues verticales; fórmula dental 1/3, 1/1, 2/2, 3/3 = 32.

 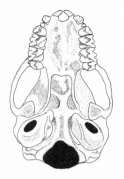 

Habitat.— Associated with urban and suburban areas, but can appear in any portion of the province. **Habitat.**—Relacionado a áreas urbanas y suburbanas, pero puede aparecer en toda la provincia.

Habits.—Insectivorous; gregarious; lives in large colonies in caves, houses, or tunnels; most abundant in summer, when they may cause problems in human habitations by forming large colonies under roofs; pre-sumably migratory in Salta; commonly carries rabies.

Hábitos.—Insectívoro; gregario; vive en colonias de gran cantidad de individuos en cuevas, casas o túneles; más abundantes durante el verano, cuando llega a constituirse en problema en las viviendas humanas por penetrar en sus techos y orificios; se piensa que realiza vuelos migratorios; comunmente porta la rabia.

ORDER PRIMATES

Monkeys

Arboreal, extremities greatly elongated; five toes on the feet; plantigrade; semiopposable thumb; tail long and prehensile; good vision, with orbits oriented forward; rostrum short; braincase large; omnivorous; diurnal and nocturnal. Represented by a single family in Salta.

Monos

Fundamentalmente arborícolas, extremidades y cola bien desarrolladas; cinco dedos en patas y manos; plantígrados; pulgar semioponible; cola prensil; visión bien desarrollada, con las órbitas dirigidas hacia adelante; rostro corto; caja craneal grande; alimentación omnívora; diurnos y nocturnos. Representada por una sola familia en Salta.

FAMILY CEBIDAE

Capuchin, Howler Monkey

Size small to large; tail prehensile and long; five digits on the hands and feet, very dextrous; both species in Salta are diurnal, although occasional nocturnal activity is observed; omnivorous, especially fruits and eggs; in family groups or larger troops.

Mono Cai Común y Mono Aullador

Tamaño pequeño a grande; cola prensil y larga; manos con cinco dedos muy móviles; las dos especies de la provincia son principalmente diurnas con cierta actividad durante la noche; alimentación omnívora, principalmente de frutos y huevos de aves; en grupos familiares y tropas.

Alouatta caraya

Black Howler—Mono Aullador Negro

Identification.—Head-body, 650; tail, 700; hind foot, 140; weight, 8 kg; size large; largest monkey in the New World; sexually dimorphic with males being black and females being reddish brown; tail long and thick; hair long over the entire body except for the face; lower mandibles and the hyoid bone of the throat are enlarged to form a resonant chamber that amplifies the sounds produced by the animals—this chamber and the hairs that cover it give the animal the aspect of having a long beard; feet rather long; tail prehensile; easily identified by its size and color. **Identificación.**—Cabeza y cuerpo, 650; cola, 700; pata posterior, 140; peso, 8 kg; tamaño grande, los mayores del nuevo mundo; dimorfismo sexual, macho de color negro y hembra pardo rojiza; cola larga y ancha; pelo largo en todo el cuerpo excepto en la cara; la mandíbula inferior y el hueso hioides están agrandados para formar una caja de resonancia que amplifica el sonido que producen, este agrandamiento de la mandíbula y los pelos que la cubren le dan un aspecto de barba; patas más o menos largas; cola prensil; fácilmente reconocible por su tamaño y coloración.

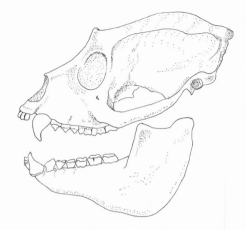

Habitat.—Subtropical forests and wet montane forests. **Habitat.**—Selva subtropical, bosques altos montanos.

Habits.—Principally crepuscular, although occasionally seen during the day and at night; travels in groups or in troops; family groups that vary in number from 4 or 5 individuals to as many as 40; troops are made up of individuals of all ages and both sexes and frequently appear in the canopy of the trees; troops maintain well-

defined territories that they defend against other troops; males produce powerful roaring sounds that remind one of the roar of the lion; omnivorous, including fruits, leaves, and seeds and animal matter such as small mammals, birds, eggs, reptiles, and insects; gestation period from 140 to 180 days; young are carried by the mother and cared for by the parents for almost two years. **Hábitos.**— Principalmente crepusculares, aunque pueden ocasionalmente ser vistos de día y de noche; en grupos o tropas; grupos familiares; varían en número desde cuatro a cinco hasta 40 individuos; las tropas están constituidas por individuos de toda edad y sexo, y permanecen frecuentemente en las copas de los árboles; aparentemente las tropas tienen territorios bién definidos que defienden de otras; producen sonidos de llamado bastante poderosos, que pueden ser oídos a gran distancia; estos sonidos son producidos por los machos; su alimentación es omnívora y pueden hacerlo tanto de plantas (frutas, hojas y semillas) como animales (pequeños mamíferos, pájaros, huevos, reptiles e insectos); el período de gestación dura entre 140 y 180 dias; los jóvenes son transportados por su

madre y el período de cuidado parental es bastante largo pudiendo llegar casi hasta los dos años.

Commentary.—This species, like all monkeys inhabiting Argentina, is seriously threatened. Deforestation has eliminated much of its natural habitat and now has caused it to be found in only small areas. It is also intensively hunted for fur and meat, the meat being eaten principally by indigenous people. Without increased conservation efforts, this species will disappear from the country in the near future. Because it is easily seen by people, it is thought to be quite numerous, but in fact it is rare at present. **Comentarios.**—Esta especie, como todos los monos que habitan Argentina, está seriamente amenazada. La tala intensiva de los bosques, su habitat natural, está cercando a éstos a un área muy limitada. Además, se realiza una caza intensiva en la búsqueda inescrupulosa de sus pieles y carne, la que es principalmente consumida por los indígenas. Es necesario acrecentar los medios de control para evitar la desaparición de la especie.

Cebus apella

Black-capped Capuchin—Mono Común

Identification.—Head-body, 450; tail, 450; hind foot, 125; ear, 40; weight, 3.5–4.0 kg; much smaller than the preceding species; color bay to dark brown; head, tail, and extremities dark, practically black; on both sides of the forehead there are locks of hairs that have a hornlike appearance and are a good field characteristic for this species. **Identificación.**—Cabeza y cuerpo, 450; cola, 450; pata posterior, 125; oreja, 40; peso, 3.5–4.0 kg; mucho menor tamaño que el anterior; coloración bayo o pardo oscura; cabeza, cola y extremidades oscuras, casi negras; en la frente tiene a cada lado un mechón de pelos que semejan cuernos y que le dán un aspecto muy característico.

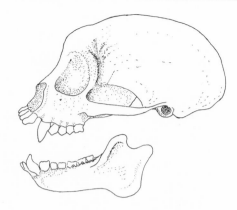

Habitat.—Occurs in closed forests and montane forests. **Habitat.**—Se encuentra en selvas tupidas y bosques altos.

Habits.—Less nocturnal than the preceding species; can be seen fairly easily during daylight hours in small troops or family groups; intelligent and lively; omnivorous, including fruits, insects, eggs, and small vertebrates. **Hábitos.**—Menos nocturno que la especie anterior, puede verse

con cierta facilidad durante las horas del día en pequeñas tropas o grupos familiares; inteligente y vivaz; se alimenta de una amplia variedad de comidas, prefiriendo frutos, insectos, huevos y pequeños vertebrados.

Commentary.—Like the howler monkey, this species is disappearing from Argentina due to the uncontrolled deforestation. **Comentarios.**—Como el mono aullador, esta especie está desapareciendo de Argentina por la destrucción descontrolada de los bosques.

ORDER XENARTHRA

Sloths, Anteaters, Armadillos

Perezosos, Osos Hormigueros, Armadillos

Feet with five toes (generally); long and recurved nails; in some groups the integument is ossified into stiff plates and bands; canines and incisors absent; premolars and molars present or absent; of a cylindrical form when present.

Patas con cinco dedos por lo general; uñas grandes y recurvadas; piel osificada en forma de placas y bandas en algunos grupos; incisivos y caninos ausentes; premolares y molares presentes o ausentes; de formas cilíndricas cuando están presentes.

KEY TO THE FAMILIES OF XENARTHRANS

CLAVE A LAS FAMILIAS DE XENARTHROS

1 Teeth absent; zygomatic arch incomplete; body covered with thick fur; dermal bones or bony scales absent. Dientes ausentes; arco cigomático incompleto; cuerpo cubierto de un grueso pelaje; ausencia de huesos dérmicos .....................................MYRMECOPHAGIDAE, p. 123

1' Teeth present; zygomatic arch complete; body not entirely densely covered with fur and dorsally fur may be scarce; dorsal carapace with bony dermal plates. Dientes presentes; arco cigomático completo; cuerpo no densamente cubierto de pelo; recubiertos por una caparazón dermica con placas epidérmicas .... DASYPODIDAE, p. 127

FAMILY MYRMECOPHAGIDAE

Giant Anteater and Tamandua

This is the only family of edentates truly lacking teeth; its skull is very elongated; the zygomatic arch incomplete; mandible delicate; snout and tongue long, an adaptation for an ant and termite diet; third digit on forefoot very large with a strong, sharp claw, other toes reduced; four toes on forefeet, five on hindfeet; densely covered with fur; tail long and hairy in the giant anteater, long and mostly naked in the tamandua; terrestrial (*Myrmecophaga*) or strongly arboreal (*Tamandua*); solitary or in pairs; has a good sense of smell.

Oso Hormiguero y Oso Melero

Esta familia de edentados es la única verdaderamente sin dientes; cráneo muy alargado; arco cigomático incompleto; mandíbula delgada; hocico y lengua alargados, en una adaptación para la captura de su alimento que consiste principalmente en hormigas y termites; tercer dedo de la mano muy agrandado con uña fuerte y afilada y resto de los dedos reducidos; cuatro dedos en las manos y cinco en los pies; piel densamente cubierta con pelos; cola larga y peluda en el oso hormiguero; parcialmente desnuda en la punta y prensil en el oso melero; terrestres (*Myrmecophaga*) o arborícolas (*Tamandua*); solitarios o en pareja; fuerte desarrollo del olfato.

Myrmecophaga tridactyla

Giant Anteater—Oso Hormiguero

Identification.—Head-body, 1050; tail, 650; hind foot, 150; ear, 50; weight, 20–25 kgs; body large with grayish coloration; a triangular black band bordered in white extends across flanks; rostrum greatly elongated; body covered by long, thick hairs; tail long; ears small; teeth absent; forefeet with four toes, hindfeet with five; nails long, sharp, and recurved (on the forefeet) while running; males larger than females. **Identificación.**—Cabeza y cuerpo, 1050; cola, 650; pata posterior, 150; oreja, 50; peso, 20–25 kgs; de tamaño grande y coloración grisácea; una franja triangular negra bordeada de blanco se extiende sobre sus flancos; rostro prolongado a modo de trompa; cuerpo recubierto de pelos largos y gruesos; cola larga; orejas pequeñas; dentición ausente; miembros anteriores con cuatro dedos y posteriores con cinco; uñas largas, cortantes y curvadas hacia el interior del cuerpo (en las manos) mientras se desplazan; machos de mayor tamaño que las hembras.

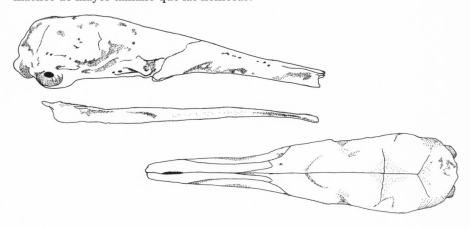

Habitat.—Chacoan savannas; transitional forests; swamps. **Habitat.**—Sabana chaqueña; bosques de transición; bañados.

Habits.—Diurnal; terrestrial; feeds principally on termites and ants obtained by utilizing the long nails and the very long, protrusible tongue, which bears sticky mucus secretions; large termitaria and anthills that have been ripped open by these animals are commonly encountered in the

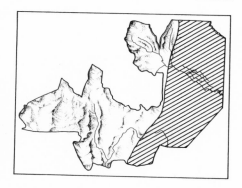

chacoan area; solitary; gestation period about 190 days; young are carried on the back of the mother for a year. **Hábitos.**—Diurno; terrícola; se alimenta de termites y hormigas ayudado por sus largas uñas y una lengua extensible con secreción mucosa; es común encontrar los grandes termiteros y hormigueros del bosque chaqueño excavados por la acción de estos animales; solitario; período de gestación de 190 dias; la cría se desplaza en la espalda de su madre por un período de un año.

Commentary.—This species is in danger of extinction and is disappearing from all of South America. Uncontrolled hunting and the destruction of its forested habitats is rapidly leading to its disappearance. **Comentarios.**—Especie en peligro de extinción, en retroceso en todo Sudamérica. La cacería sin control y la destrucción de los bosques está conduciendo a su desaparición.

Tamandua tetradactyla

Collared Anteater—Oso Melero

Identification.—Head-body, 620; tail, 410; hind foot, 100; ear, 52; weight, 3.5–7.0; pelage dense and short; coloration a uniform dull yellow with a black band extending from just ahead of forelegs, over shoulders, and covering sides and part of back; chest a brighter yellow than dorsum; a less-pronounced dark band extends on rostrum over eyes; tail prehensile, proximal portions covered with hair—distally naked, allowing it to adhere to trees, tree trunks, and branches. **Identificación.**—Cabeza y cuerpo, 620; cola, 410; pata posterior, 100; oreja, 52; peso, 3.5–7.0; pelaje denso y corto; de coloración amarillento parduzca uniforme y una franja de color negro que se extiende desde la parte anterior de los miembros delanteros hacia el dorso; la región del pecho presenta una coloración amarillenta más intensa; en el rostro, una débil banda oscura se extiende sobre los ojos; la cola prénsil presenta su mitad basal cubierta de pelos y el resto desnudo, lo que le permite una mejor adherencia a las ramas y troncos donde transcurre su mayor actividad.

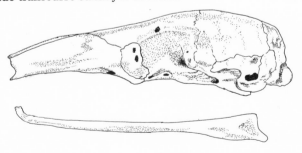

Habitat.—Dense forests and forested regions in moist and dry zones, including the chaco and the transitional forest. **Habitat.**—Selvas y bosques, desde zonas húmedas a secas, incluyendo el chaco y el bosque de transición.

Habits.—Insectivorous and nocturnal, feeding primarily on termites, bees, and ants, employing the long nails and tongue to obtain food items; its nocturnality and arboreal ways make this species an inconspicuous member of the forest fauna. **Hábitos.**—Insectívoro y nocturno, se alimenta principalmente de termites, abejas y hormigas, ayudado por sus largas uñas y lengua, que son empleadas constantemente en la búsqueda

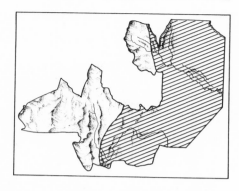

del alimento; su forma de vida lo convierte en un inconspicuo representante del bosque.

Commentary.—The rapid disappearance of forested regions and the increase in cultivated areas has greatly reduced the suitable habitats for this species. Its insectivorous habits play an important role in the food chains of the forest. Moreover, its burrowing habits help maintain the continuity of the chacoan forest and other forested regions it frequents by increasing the friability of the soil. **Comentarios.**—El rápido avance sobre el bosque mediante el talado, cultivos y establecimiento de centros poblacionales ha reducido el ambiente de dispersión de esta especie, cuyos hábitos insectívoros tienen una función de importancia dentro de la cadena alimenticia del bosque. Además, su hábitos cavadores ayudan al mantenimiento y continuidad del bosque chaqueño a través de la remoción y adaptación del suelo en la germinación de su vegetación arbustiva.

FAMILY DASYPODIDAE

Armadillos

Pichis, Quirquinchos, Mulitas, Gualacate, Tatú

Body covered with a shell and hard plates; variable number of moveable bony bands; feet short; body robust; four to five toes; teeth subcylindrical; zygomatic arch complete.

Cuerpo cubierto por caparazón y placas; número variable de bandas móviles; patas cortas; cuerpo robusto; de cuatro a cinco dedos; dientes subcilíndricos; arco cigomático completo.

Chaetophractus vellerosus
Screaming Armadillo—Quirquincho Chico

Identification.—Head-body, 233; tail, 102; hind foot, 40; ear, 31; weight, 600–1000; skin covered with hardened plates that extend over the entire dorsum from head to tail; ventrum covered with hairs; hairs also present on dorsum; six moveable bands. **Identificación.**—Cabeza y cuerpo, 233; cola, 102; pata posterior, 40; oreja, 31; peso, 600–1000; la piel está cubierta de placas y se extienden en el dorso por la cabeza, cuerpo y cola; la zona del vientre está recubierta de pelos al igual que el dorso; seis bandas móviles.

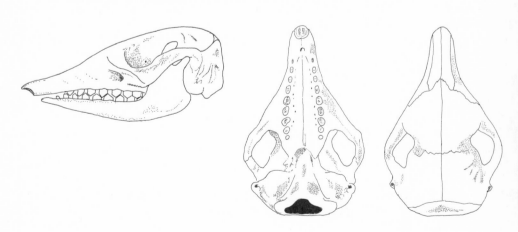

Habitat.—Prefers semiarid habitats, including chacoan thorn scrub and monte desert areas; also occurs at high elevations having a cold dry climate. **Habitat.**—Prefiere ambientes semiáridos, incluyendo el bosque chaqueño y el desierto del monte; también ocurre en habitats de altura con clima frío y seco.

Habits.—Burrower; frequently locates burrows at the base of shrubs and other vegetation, although burrows may be placed in any site; omnivorous, eating insects, carrion, and vegetable material; nocturnal, but may be seen during the day in cooler periods of the year or at higher elevations. **Hábitos.**—Cavador; frecuentemente ubica su cueva en la base de arbustos o hierbas, aunque puede hacerla en cualquier sitio; omnívoro, come insectos, carroña y materia vegetal; nocturno, pero se puede ver de día durante la época de frío o en sitios de altura.

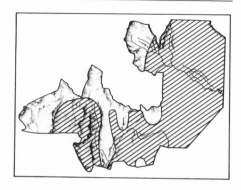

Commentary.—This species is heavily hunted by native people for food. The shell is utilized in the manufacture of the charango (a musical instrument of northern Argentina). They are hunted by natives using dogs. In the eastern part of Salta Province, it is common to see the roofs of native dwellings covered with the shells of a great number of armadillos; they provide a source of protein to people living in the semiarid eastern Chaco. **Comentarios.**—Su carne es muy buscada por los pobladores. El caparazón es utilizado en la confección del charango (instrumento musical del norte de Argentina). La búsqueda de ejemplares es llevada a cabo por los pobladores en compañía de perros. En la zona este de la provincia es común observar en los techos de las viviendas un gran número de caparazones de quirquinchos, quienes suplen de proteínas a los poblados confinados en las áridas extensiones chaqueñas de la provincia.

Chlamyphorus retusus

Chacoan Fairy Armadillo—Pichi-ciego Chaqueño

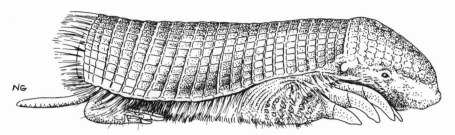

Identification.—Head-body, 140–175; tail, 35; hind foot, 30; weight, 130; hard anal shield present in posterior portions of body; long nails; general coloration drab yellowish brown. **Identificación.**—Cabeza y cuerpo, 140–175; cola, 35; pata posterior, 30; peso, 130; escudo en la región posterior (anal); largas uñas; coloración pardusco amarillenta.

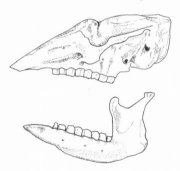
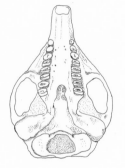
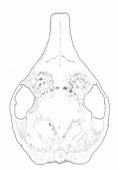

Habitat.—Sandy areas and dunes in the chacoan thorn scrub. **Habitat.**—Zonas medanosas y arenales del bosque chaqueño.

Habits.—Extremely rare and in danger of extinction; known only from northern Argentina. **Hábitos.**—Muy escasa y en peligro de extinción; se conoce solamente del norte de Argentina.

Commentary.—Insectivorous; excellent burrower, moving easily through the sand. **Comentarios.**—Insectívoro; buen cavador, moviéndose fácilmente en la arena.

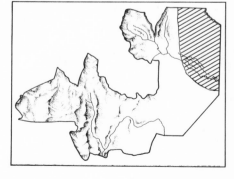

Dasypus novemcinctus

Common Long-nosed Armadillo—Mulita Grande

Identification.—Head-body, 425; tail, 400; hind foot, 70–100; ear, 40; weight, 3 kgs; eight moveable bands; size large; coloration leaden to grayish brown; tail long. **Identificación.**—Cabeza y cuerpo, 425; cola, 400; pata posterior, 70–100; oreja, 40; peso, 3 kgs; ocho bandas móviles; tamaño grande; coloración plomiza oscura o grisácea; cola larga.

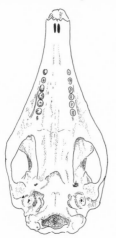
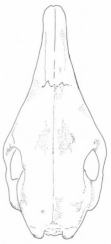

Habitat.—Humid hillsides in the transitional forests as well as in portions of the moist forests in northern parts of the province; commonly seen near gullies and rivers. **Habitat.**—Laderas húmedas del bosque de transición y bosque húmedo del norte de la provincia; suelen verse cerca de arroyos y ríos.

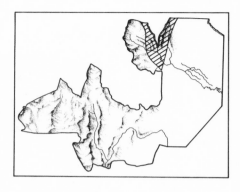

Habits.—Principally nocturnal, although may be seen at times during the day; feeds primarily on insects and fruits; females reproduce at two years of age; four young of the same sex are produced (quadruplets); gestation period 150 days; population densities range from 5 to 200 individuals per square kilometer; nests built in caves or crevices; does not regulate body temperature very well. **Hábitos.**—Principalmente nocturna, aunque también se ve de día; alimentación a base de insectos y frutos; las hembras reproducen a los dos años y tienen cuatro crías del mismo sexo; período de gestación 150 días; hay entre cinco a 200 individuos por kilómetro cuadrado; construye sus nidos dentro de cuevas o grietas; no puede regular bien la temperatura corporal.

Commentary.—Heavily hunted by people of the countryside who consider it a plague species. In many places it is hunted for meat. **Comentarios.**—Es muy perseguida en los campos de cultivo donde se considera plaga. En otros lugares es cazada por su carne.

Dasypus septemcinctus
Seven-banded Armadillo—Mulita Común

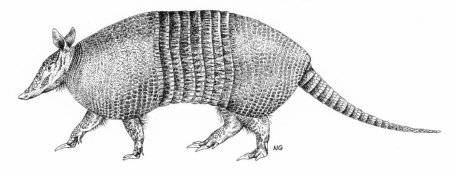

Identification.—Head-body, 240–305; tail, 125–170; hind foot, 60; ear, 30–38; weight, 1450; 6 to 7 moveable bands; grayish brown with black shading; sides of carapace darker than dorsum; ears long, about half the length of the head; tail relatively long, slightly more than half the head-body length; similar to *D. novemcinctus*, but smaller and with fewer bands; dental formula 7–8/7–8 = 28–32. **Identificación.**—Cabeza y cuerpo, 240–305; cola, 125–170; pata posterior, 60; oreja, 30–38; peso, 1450; 6 a 7 bandas móviles; coloración bayo grisáceo con matices negros; lados del caparazón más oscuros; orejas largas, aproximadamente la mitad de la longitud de la cabeza; cola relativamente larga, un poco más de la mitad de la longitud de la cabeza y cuerpo; aspecto similar a *D. novemcinctus* pero más pequeño y con menos bandas; fórmula dental 7–8/7–8 = 28–32.

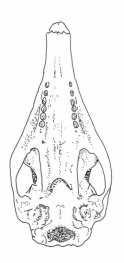
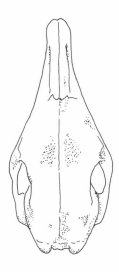

Habitat.—Forested regions, including wet forests; savannas. **Habitat.**—Bosques, selvas húmedas y sabanas.

Habits.—Unknown. **Hábitos.**— Desconocidos.

Euphractus sexcinctus

Six-banded Armadillo—Gualacate

Identification.—Head-body, 406; tail, 203–270; hind foot, 65; ear, 30; weight, 5 kgs; size large; six moveable bands; thick plates cover the dorsum; tail and ears long; very strong nails; less hairy dorsally than *Chaetophractus*.
Identificación.—Cabeza y cuerpo, 406; cola, 203–270; pata posterior, 65; oreja, 30; peso, 5 kgs; tamaño grande; seis bandas móviles; gruesas placas cubren el cuerpo; cola y orejas largas; fuertes uñas; menos peludo en el dorso que el quirquincho chico.

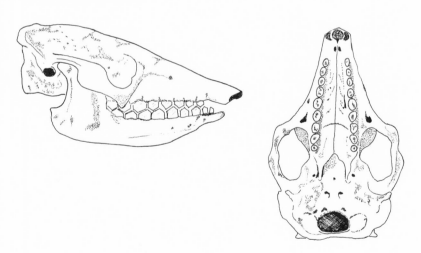

Habitat.—Chacoan shrublands in eastern Salta. **Habitat.**—Terrenos arbustivos chaqueños del este de la provincia.

Habits.—Like other armadillos, it is an excellent burrower; nocturnal. **Hábitos.**—Como los otros quirquinchos, son buenos cavadores; nocturnos.

Commentary.—This species is disappearing from Salta Province due to tremendous hunting pressures. Being large, it is a preferred food item. Toba and Mataco Indians utilize the tail as a cigarette lighter. After having hollowed the tail, they fill it with fine dry plant matter. A fire is started by sending sparks into the tinder. **Comentarios.**— Está disminuyendo en la provincia por la fuerte presión de caza. Por su gran tamaño, es preferido como alimento. Los Indios Tobas y Matacos utilizan la cola como encendedor, después de haberla rellenado con vegetales secos y finos lo encienden con chispas producidas con piedras.

Priodontes maximus

Giant Armadillo—Tatú Carreta

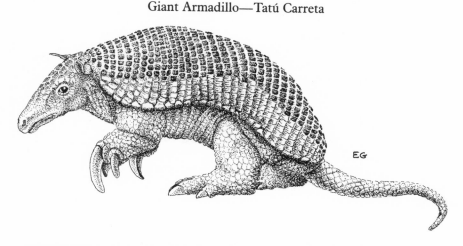

Identification.—Head-body, 750–1000; tail, 500; hind foot, 185; ear, 53; weight, approximately 60 kgs; impossible to confuse with other armadillos because of its extremely large size; coloration reddish brown; 11 to 13 moveable bands on the dorsum and three to four on the neck; nails extremely powerful and recurved in the form of hooks—these are utilized for excavation of burrows and in foraging. **Identificación.**—Cabeza y cuerpo, 750–1000; cola, 500; pata posterior, 185; oreja, 53; peso alrededor de 60 kgs; inconfundible con otros géneros y especies por su tamaño "gigante"; coloración pardo rojiza; con 11 a 13 bandas móviles en el dorso y de tres a cuatro en el cuello; uñas muy poderosas y curvadas como garras que utiliza para cavar sus grandes cuevas.

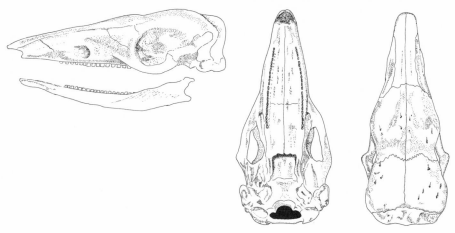

137

Habitat.—Chacoan thorn scrub.
Habitat.—Terrenos áridos arbustivos
chaqueños.

Habits.—The biology of this species is very poorly known; it forages
principally on insects such as termites
and ants. **Hábitos.**—Muy poco se
conoce sobre su biología; su alimentación principal consiste en insectos
como termites y hormigas.

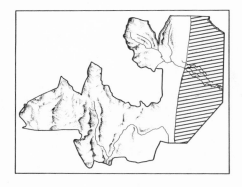

Commentary.—This species is in
danger of extinction, principally be-
cause of hunting pressures and destruction of its habitat. If the species is to be
saved, strong measures for its protection and for the protection of its habitat
must be instituted immediately. **Comentarios.**—Especie en peligro de extinción, principalmente por la presión humana sobre sus poblaciones y la destrucción de sus habitats. Deben instrumentarse severas medidas para su protección
y de sus ambientes para lograr la recuperación de esta especie, que sin duda
tomará largo tiempo.

Tolypeutes matacus

Southern Three-banded Armadillo—Quirquincho Bola

Identification.—Head-body, 300; tail, 60; hind foot, 43; ear, 23; weight, 1.5; body has a rounded form; three moveable bands allow the animal to roll itself into a compact ball in the presence of a predator; feet have strong re-curved nails. **Identificación.**—Cabeza y cuerpo, 300; cola, 60; pata posterior, 43; oreja, 23; peso, 1.5; forma del cuerpo redondeada; tres bandas móviles que le permiten arrollarse a modo de bola ante la presencia de un predador; manos y pies con fuertes uñas recurvadas.

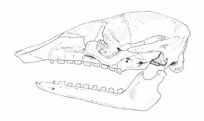
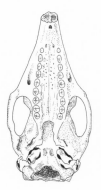
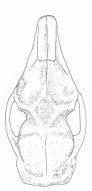

Habitat.—In xeric shrublands, grasslands, and transitional forests; common in the chaco. **Habitat.**—Común en terrenos de vegetación xerófila arbustiva, sabanas y bosque de transición; común en el chaco.

Habits.—Nocturnal; may be seen occasionally during early morning or late afternoon; very agile; excellent digger; forages principally on insects and vegetation. **Hábitos.**—Nocturno; se lo puede observar también a ciertas horas del día; es ágil y buen cavador; se alimenta de insectos y vegetales.

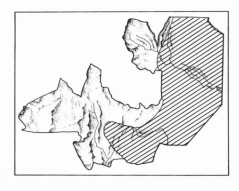

ORDER LAGOMORPHA

Hares, Rabbits

Hind feet with five digits, forefeet with four or five; two pair of upper incisors; diastema (space) between the incisors and molariform teeth; cranium fenestrated and lightly built; rodentiform; hair dense and soft; ears long; hind legs long. Salta contains only a single family.

Liebres y Conejos

Patas con cinco dedos; manos con cuatro o cinco; dos pares de incisivos superiores; un espacio (diastema) desprovisto de dientes entre los incisivos y molariformes; cráneo fenestrado y liviano; rodentiforme; pelo denso y suave; orejas largas; piernas traseras largas. La Provincia de Salta contiene solamente una sola familia.

FAMILY LEPORIDAE

Rabbits

Conejos

Cursorial species; forelegs, and especially hind legs, elongated; tail short; ears long with a tubular base; dental formula 2/1, 0/0, 3/2, 3/3 = 28 in most species.

Formas adaptadas al desplazamiento cursorial; miembros anteriores y posteriores alargados; cola corta; orejas largas con base tubular; fórmula dental 2/1, 0/0, 3/2, 3/3 = 28 en la mayoría de sus miembros.

Sylvilagus brasiliensis

Forest Rabbit—Tapití

Identification.—Head-body, 310; tail, 10; hind foot, 74–80; ear, 55; weight, 700–1000; size medium; general coloration yellowish brown, some individuals darker brown or reddish; a characteristic russet patch on the dorsum of the neck; belly whitish, paler than dorsum. **Identificación.**—Cabeza y cuerpo, 310; cola 10; pata posterior, 74–80; oreja, 55; peso, 700–1000; de tamaño mediano; coloración general pardo amarillenta, algunos marrón oscuro a rojizo; un manchón característico en la nuca de coloración rojiza; vientre blancuzco o más claro que el dorso.

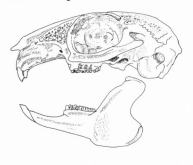
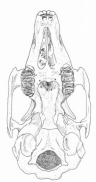
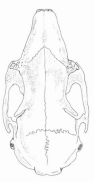

Habitat.—Moist forest, transitional forest, grasslands in the chaco. **Habitat.**—Bosques húmedos, selva de transición y ambientes de pastizales chaqueños.

Habits.—Crepuscular and nocturnal; cursorial; forages on green vegetation of grass and shrubs; solitary or in pairs. **Hábitos.**—Crepuscular y nocturno; cursorial; se alimenta de vegetación herbácea y arbustiva; solitario o en parejas.

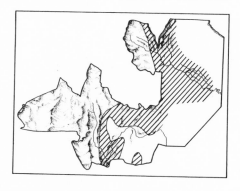

Commentary.—The only native rabbit in Argentina; other forms (*Lepus, Oryctolagus*) were introduced in the late 1800's. **Comentarios.**—En Argentina es la única especie autóctona del órden; otras formas son la liebre y conejo europeo (*Lepus* y *Oryctolagus*), introducidos a fines del siglo pasado.

ORDER RODENTIA

Rodents

The largest order of mammals; great
morphological diversity associated
with different food habits, locomotor
patterns, and habitats; one pair of
evergrowing upper and lower incisors; canines absent; diastema (space)
present between incisors and molariform teeth.

Roedores

Es el órden más numeroso; gran diversidad morfológica asociada a diferentes hábitos alimenticios, habitats y
locomoción; un par de incisivos de
crecimiento contínuo en la maxila y
otro en la mandíbula; caninos ausentes; diastema entre los incisivos
y premolares.

KEY TO THE FAMILIES OF RODENTS
CLAVE A LAS FAMILIAS DE ROEDORES

1 Zygomatic plate present, leaving the infraorbital canal practically invisible in lateral view; postorbital process pointed; brachyodont dentition. Placa cigomática presente, dejando practicamente invisible el canal infraorbital en vista lateral; proceso posorbital puntiagudo; dientes braquidontes .... SCIURIDAE, p. 147

1' Zygomatic plate absent or reduced; infraorbital canal visible in lateral view. Placa cigomática ausente o reducida; canal infraorbital a los lados del rostro visible en vista lateral 2

2 Infraorbital foramen equal to or larger than foramen magnum. Foramen infraorbital igual o mas grande que el foramen magnum 4

2' Infraorbital foramen smaller than foramen magnum. Foramen infraorbital menor que el foramen magnum................................. 3

3 Folds containing cusps on molariform teeth separated by wide valleys. Pliegues que llevan las cúspides de los molariformes separados por anchos valles .... MURIDAE (native species), p. 149

3' Molariform cusps on folds that are compressed and not separated by wide valleys. Pliegues que llevan las cúspides de los molariformes comprimidos, y no separados por anchos valles ....MURIDAE (introduced species), p. 149

4 Dentary prominently canalized, canal parallel to the molariform teeth. Prominente acanalamiento del dentario, y paralelo a los molariformes 5

4' Dentary without a canal. No hay acanalamiento prominente del dentario 6

5 Size large; greatest length of skull greater than 100 mm; length of last upper molar greater than all other molariform teeth combined. Tamaño grande; largo mayor del cráneo mas de 100 mm; largo del último molar superior mayor que el largo combinado de los dientes precedentes .... HYDROCHOERIDAE, p. 197

5' Size medium to small; greatest length of skull less than 100 mm; length of last upper molar less than the length of the other molariform teeth combined. Tamaño mediano a pequeño; largo mayor del cráneo menos de 100 mm; largo del último molar superior menor que el largo combinado de los dientes precedentes ....CAVIIDAE, p. 188

6 Length of auditory canal not visible in lateral view; additional foramen visible below auditory canal. Largo completo del canal auditivo no es evi-

dente desde una vista lateral; foramen (adicional) por debajo del canal auditivo . . . . CHINCHILLIDAE, p. 202

6' Auditory canal visible in lateral view or, if not, the additional foramen below auditory canal is also not visible. Canal auditivo evidente desde una vista lateral, si no lo es, tampoco se observa el foramen (adicional) por debajo del canal auditivo 7

7 Lacrimal canal opening on sides of rostrum. Porción del canal lacrimal expuesta a los lados del rostro 8

7' Lacrimal canal not opening on sides of rostrum. Ninguna parte del canal lacrimal expuesta a los lados del rostro 9

8 Body large, legs long; greatest length of skull greater than 50 mm; molariform teeth with enamel islands. Cuerpo grande, piernas largas; largo mayor del cráneo mas de 50 mm; dientes molariformes con islas de esmalte . . . . DASYPROCTIDAE, p. 127

8' Small size, legs short; greatest length of skull less than 50 mm; molariform teeth without enamel islands. Tamaño pequeño, piernas cortas; largo mayor del cráneo menos de 50 mm; molariformes con pliegues simples y nunca formando islas de esmalte . . . . ABROCOMIDAE, p. 219

9 Notch present on ventral wall of infraorbital canal; molariform teeth in shape of numeral 8. Surco presente en la pared ventral del canal infraorbital; molariformes en forma de 8 . . . . OCTODONTIDAE, p. 211

9' Notch absent on ventral wall of infraorbital canal; molariform teeth not as above. Surco ausente en la pared ventral del canal infraorbital; molariformes no como arriba 10

10 Length of paraoccipital process greater than 10 mm. Largo mayor del proceso paraoccipital mas de 10 mm . . . . MYOCASTORIDAE, p. 209

10' Length of paraoccipital process less than 10 mm. Largo mayor del proceso paraoccipital menos de 10 mm 11

11 Size small; fur lacking spines; surface of molariform teeth kidney-shaped. Tamaño pequeño; pelo sin espinas; molariformes superiores en forma de riñón . . . . CTENOMYIDAE, p. 213

11' Size large; fur with spines; molariform teeth with surfaces not kidney-shaped. Tamaño grande; piel con espinas; molariformes superiores de forma variable, nunca en riñón . . . . ERETHIZONTIDAE, p. 186

FAMILY SCIURIDAE

Squirrels   Ardillas

Tail usually long and frequently   Generalmente de cola larga y frecuen-
bushy; cranium rounded in lateral   temente como pincel; cráneo curvado
view; nails with sharp claws; moder-   visto de perfil; dedos con uñas afila-
ately arboreal (South American forms); das; arborícolas (especies Sud Ameri-
dental formula 1/1, 0/0, 1–2/1, 3/3 =   canas); fórmula dental 1/1, 0/0, 1–2/
20–22.   1, 3/3 = 20–22.

Sciurus ignitus

Yungas Forest Squirrel—Ardilla Roja

Identification.—Head-body, 200; tail, 190; hind foot, 45; ear, 25; weight, 190; general coloration dark reddish; body elongated; tail long and bushy.

Identificación.—Cabeza y cuerpo, 200; cola, 190; pata posterior, 45; oreja, 25; peso, 190; coloración rojiza oscura; cuerpo y cola alargados, esta última densamente cubierta de pelos largos.

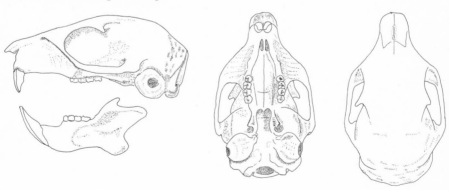

Habitat.—Moist montane forests above 1300 meters. **Habitat.**—Restringida a bosques húmedos de altura, por arriba de los 1300 metros.

Habits.—Diurnal; arboreal; feeds on fruits and seeds. **Hábitos.**—Diurna y arborícola; se alimenta de semillas y frutos.

FAMILY MURIDAE

Rats, Mice, Leaf-eared Mice

Ratas, Pericotes, Lauchas

A large family with a great variety of forms inhabiting many habitats; molariform teeth either high-crowned or low-crowned; with or without roots; occlusal surfaces of molariform teeth with varied patterns of cusps; four toes on forefeet, five on hindfeet; body size varying from small (15 g) to medium (300 g); dental formula 1/1, 0/0, 0/0, 3/3 = 16.

Familia numerosa con gran variedad de formas y hábitos; molariformes de corona alta o baja; con o sin raíz; molariformes con superficie de oclusión variada; manos con cuatro dedos; patas con cinco dedos; tamaño puede variar de 15 a 300 g; fórmula dental 1/1, 0/0, 0/0, 3/3 = 16.

Akodon albiventer

White-bellied Grass Mouse—Ratón Ventriblanco

Identification.—Head-body, 87; tail, 66–78; hind foot, 20–22; ear, 14–16; weight, 16–29; dorsum pale grayish brown; ventrum white; woolly fur; feet white dorsally; tail sparsely haired, brownish dorsally, whitish ventrally. **Identificación.**—Cabeza y cuerpo, 87; cola, 66–78; pata posterior, 20–22; oreja, 14–16; peso, 16–29; coloración dorsal gris marrón pálido; vientre blanco; pelaje lanoso; manos y patas blancas; cola peluda de color marrón en el lado dorsal y blanco en el ventral.

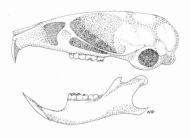
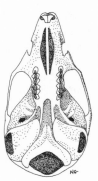
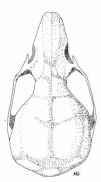

Habitat.—Moist habitats with dense vegetation (boggy areas) in the puna and prepuna, at about 3500 meters and above. **Habitat.**—Sitios húmedos y vegas de vegetación densa de la región prepuneña y puneña; por encima de los 3500 metros.

Habits.—Nocturnal, although active during the day during certain parts of the year; omnivorous. **Hábitos.**—Nocturno, aunque suele verse de día en ciertas épocas del año; omnívoro.

Commentary.—One of the most common *Akodon* in the high country.
Comentarios.—Una de las especies de *Akodon* más comúnes de zonas de altura.

Akodon andinus

Andean Grass Mouse—Ratón Andino

Identification.—Head-body, 125–135; tail, 75–80; hind foot, 19–20; ear, 13–16; weight, 18; brownish-orange-buff dorsally; ventrally pale clay colored; pelage dense and long; ears small; a white spot behind each ear is weakly evident.
Identificación.—Cabeza y cuerpo, 125–135; cola, 75–80; pata posterior, 19–20; oreja, 13–16; peso, 18; de coloración anaranjada parduzca; vientre de tono arcilloso pálido; pelaje denso y largo; orejas pequeñas; mancha blanca detrás de las orejas poco notable.

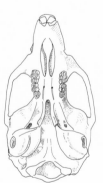

Habitat.—Mountainous arid zones and highland steppes and grasslands above 2000 meters. **Habitat.**—Zonas áridas montañosas y arbustivas de altura; pastizales; por encima de los 2000 metros.

Habits.—Nocturnal, although diurnal during winter, omnivorous. **Hábitos.**—Nocturno, aunque suele verse de día en las épocas frías del año; omnívoro.

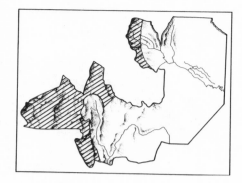

Akodon boliviensis
Bolivian Grass Mouse—Ratón Plomizo

Identification.—Head-body, 78–107; tail, 70–85; hind foot, 20–23; ear, 15–19; weight, 20–42; dorsum dark brown with reddish highlights; ventrum leaden. **Identificación.**—Cabeza y cuerpo, 78–107; cola, 70–85; pata posterior, 20–23; oreja, 15–19; peso, 20–42; coloración dorsal pardo oscura con débiles tonos rojizos; vientre plomizo.

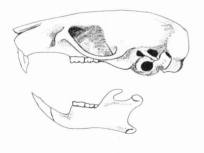
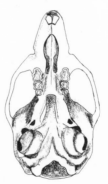

Habitat.—Edges of moist forest; secondary-growth areas; along water courses; cultivated areas. **Habitat.**—Bordes de la selva húmeda; zonas de crecimiento secundario; a lo largo de arroyos; campos cultivados.

Habits.—Crepuscular and nocturnal; omnivorous. **Hábitos.**—Crepuscular y nocturno; omnívoro.

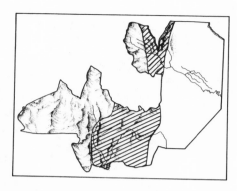

Commentary.—Common in moist habitats at lower elevations, where it coexists with *A. varius* and *Oryzomys*. **Comentarios.**—Común en zonas húmedas de baja altura donde convive con *A. varius* y *Oryzomys*.

Akodon varius

Variable Grass Mouse—Ratón Variado

Identification.—Head-body, 100–121; tail, 80–105; hind foot, 24–27; ear, 20–23; weight, 30–60; the largest *Akodon* in Salta; dorsum brownish gray with yellowish highlights; ventrum grayish white; generally there is a diffuse white spot on the throat; pelage long and dense. **Identificación.**—Cabeza y cuerpo, 100–121; cola, 80–105; pata posterior, 24–27; oreja, 20–23; peso, 30–60; la especie de mayor tamaño dentro del grupo *Akodon* en la provincia; coloración general pardo con tonalidades grisáceas; vientre gris blancuzco; generalmente presentan una difusa mancha blanca en la región ventral del cuello y quijada; pelaje largo y denso.

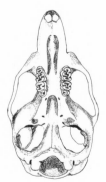

Habitat.—Forested areas; second-ary-growth habitats; cane fields; grass-lands; along arroyos; cultivated areas; occurs as high as 2000 meters, approximately. **Habitat.**—Areas boscosas; crecimiento secundario; cañave-rales; pastizales; a lo largo de arroyos; áreas de cultivos; hasta los 2000 metros aproximadamente.

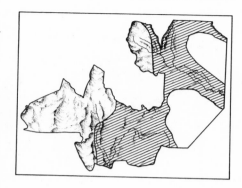

Habits.—Nocturnal; omnivorous; prefers areas of dense vegetation. **Hábitos.**—Nocturno; omnívoro; prefiere ambientes de gran cobertura vegetal.

Commentary.—One of the most common mice in Salta; coexists with *A. boliviensis, Calomys callosus, Oryzomys* and *Marmosa*. **Comentarios.**—Una de las especies más abundantes de "ratones"; conviven en la misma zona con la laucha grande, el ratón plomizo, colilargos y marmosas.

Andinomys edax

Andean Rat—Rata Andina

Identification.—Head-body, 155–172; tail, 134–160; hind foot, 28–30; ear, 22–27; weight, 82; roughly similar to *Phyllotis darwini* in form, although larger; pelage woolly, long and fine; dorsally brownish gray with yellowish highlights; hairs with dark gray bases; venter gray; ears large; feet white dorsally; tail bicolored, dark above, lighter below. **Identificación.**—Cabeza y cuerpo, 155–172; cola, 134–160; pata posterior, 28–30; oreja, 22–27; peso, 82; aspecto similar a *Phyllotis darwini* aunque de mayor tamaño; pelaje lanoso, largo y suave; coloración dorsal marrón grisácea amarillenta; base de los pelos gris oscura; vientre grisáceo; orejas largas; manos y patas blancas; cola bicoloreada, con el lado dorsal oscuro y el ventral blanco.

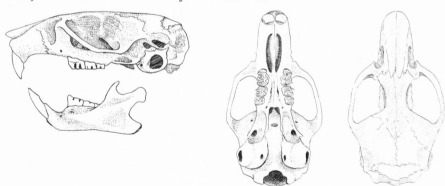

Habitat.—Rocky areas in the puna or high mountain grasslands; usually in very dense vegetation; occasionally in moist forest. **Habitat.**—Ambientes rocosos de la puna, pastizales de altura y bosques húmedos; generalmente en áreas de vegetación densa.

Habits.—Nocturnal; herbivorous; scansorial and saxicolous; largely unstudied. **Hábitos.**—Nocturna; herbívora; trepadora y rupícola; la biología de esta especie es desconocida.

Commentary.—Has not been captured in Salta; included here because it has been taken in the neighboring province of Jujuy in habitats at 4000 meters elevation that are continuous with those of Salta. **Comentarios.**—Su presencia no se ha registrado aún para la provincia; aquí se incluye por encontrarse en los ambientes puneños de la vecina provincia de Jujuy a los 4000 metros.

Auliscomys sublimis

Andean Leaf-eared Mouse—Pericote Andino

Identification.—Head-body, 118; tail, 55; hind foot, 20–22; ear, 24; weight, 38; easily distinguished from other phyllotines by its very short tail; pelage very dense, long and fine; dorsal coloration buffy reddish brown; venter grayish white; lateral line ochraceous. **Identificación.**—Cabeza y cuerpo, 118; cola, 55; pata posterior, 20–22; oreja, 24; peso, 38; se distingue de los otros pericotes por su cola corta; pelaje suave y denso; coloración dorsal pardo rojiza; vientre gris blancuzco; flancos ocráceos.

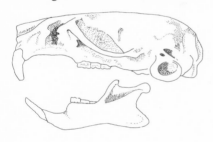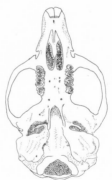

Habitat.—Puna scrub vegetation above 4000 meters. **Habitat.**—Vegetación arbustiva enana de la puna, por encima de los 4000 metros.

Habits.—Nocturnal; herbivorous.
Hábitos.—Nocturno; herbívoro.

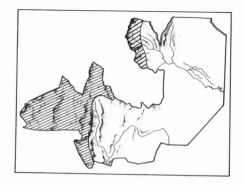

Calomys callosus
Large Vesper Mouse—Laucha Grande

Identification.—Head-body, 98–125; tail, 72–95; hind foot, 20–23; ear, 18–21; weight, 20–54; the largest *Calomys*; general aspect similar to *Akodon varius*; supraorbital ridges palpable on living specimens; dorsum brownish gray; ventrum grayish white; pelage shorter and finer than *A. varius*; ears short. **Identificación.**—Cabeza y cuerpo, 98–125; cola, 72–95; pata posterior, 20–23; oreja, 18–21; peso, 20–54; la "laucha" de mayor tamaño; aspecto semejante al *Akodon varius*; bordes supraorbitales del cráneo palpables en el animal vivo; dorso marrón grisáceo; vientre blanco grisáceo; pelo más corto y más suave que *A. varius*; orejas cortas.

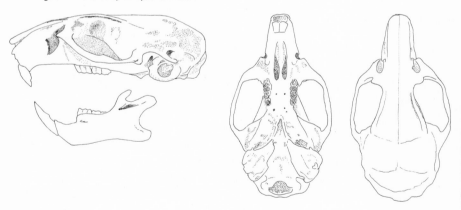

Habitat.—Moist forest; transitional forest; areas of secondary growth; grasslands; cultivated areas. **Habitat.**—Bosques húmedos y de transición; crecimiento secundario; áreas de cultivo; pastizales.

Habits.—Nocturnal; omnivorous, but eats primarily plant matter; scansorial. **Hábitos.**—Nocturna; omnívora, pero principalmente come vegetales; trepadora.

Commentary.—A common species in disturbed habitats; coexists with *A. varius*. **Comentarios.**—Especie muy común en áreas perturbadas; convive con *A. varius, A. boliviensis, Holochilus* and *Oryzomys*.

Calomys laucha
Vesper Mouse—Laucha Chica

Identification.—Head-body, 67–74; tail, 56–83; hind foot, 12–15; ear, 14–16; weight, 10–18; smallest rodent in the province; similar to a house mouse (an introduced species); dorsum yellowish brown; flanks and venter white; pelage short and fine. **Identificación.**—Cabeza y cuerpo, 67–74; cola, 56–83; pata posterior, 12–15; oreja, 14–16; peso, 10–18; el roedor más pequeño de la provincia; semejante a la laucha casera (especie introducida); dorso pardo amarillento; flancos y vientre blanco; pelaje corto y suave.

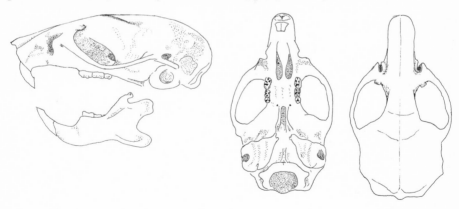

Habitat.—Arid and semiarid parts of the monte and chaco, generally in grassy areas. **Habitat.**—Ambientes áridos y semiáridos del monte y chaco, generalmente en áreas de pastizales.

Habits.—Nocturnal; omnivorous; scansorial. **Hábitos.**—Nocturna; omnívora; trepadora.

Commentary.—Generally uncommon; coexists with *A. varius*, *O. nigripes*, *G. griseoflavus*; the monte population may be a distinct species.

Comentarios.—Especie poco abundante; convive con *A. varius*, *O. longicaudatus*, *G. griseoflavus*; la población en el monte puede ser una especie distinta.

Eligmodontia moreni

Monte Gerbil Mouse—Laucha Colilarga Bayo del Monte

Identification.—Head-body, 81; tail, 104; hind foot, 19–23; ear, 19–22; weight, 14–22; pelage dense and fine; dorsal light brown to blond; venter white; ears large; tail long; hind feet elongated; a single large plantar tubercle (on the sole of the hind foot) is present and is formed from a fusion of three plantar tubercles. **Identificación.**—Cabeza y cuerpo, 81; cola, 104; pata posterior, 19–23; oreja, 19–22; peso, 14–22; pelaje sedoso y denso; dorso de coloración pardo amarillenta; la región ventral blanco puro; orejas grandes; cola larga; patas largas; característica del género es la callosidad plantar grande de los miembros posteriores (fusión de tres tubérculos digitales).

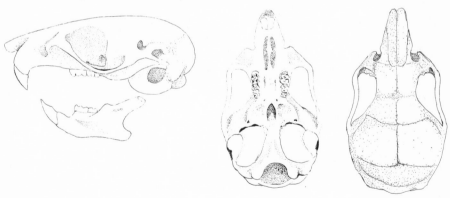

Habitat.—Arid shrublands of the lowland monte, including creosote bush flats and areas of sandy soil.
Habitat.—Ambientes arbustivos áridos del oeste de la provincia; región del monte; jarillal y suelos arenosos.

Habits.—Nocturnal; herbivorous, insectivorous; well adapted to desert life; digs shallow burrows or uses abandoned burrows of other rodents.
Hábitos.—Nocturna; herbívora, insectívora; buena adaptación a las condiciones áridas; cava cuevas de poca profundidad o habita cuevas abandonadas de otros roedores.

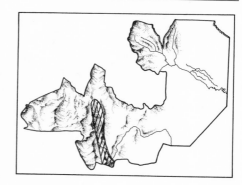

Eligmodontia puerulus
Andean Gerbil Mouse—Laucha Colilarga

Identification.—Head-body, 85; tail, 80; hind foot, 23–28; ear, 18; weight, 26–31; dorsum pale brownish blond; venter white; feet white; tail whitish, with a weak dark line along the dorsal part (absent in old individuals); tail white at tip, with a terminal tuft of long hairs; hind feet long; a large pad present on the sole of the hind foot; ears fairly large; a pale-colored patch behind each ear; skull like *E. moreni*. **Identificación.**—Cabeza y cuerpo, 85; cola, 80; pata posterior, 23–28; oreja, 18; peso, 26–31; dorso marrón amarillento; vientre blanco puro o cremoso; manos y patas blancas; cola blanca con una línea oscura dorsal (ausente en los individuos viejos); cola muy blanca en la punta con un pequeño pincel en la porción terminal; patas largas; un callo grande en la palma de la pata; orejas grandes; una mancha clara detrás de cada oreja; cráneo semejante a *E. moreni*.

Habitat.—Arid puna shrub steppe above 3500 meters; on sandy soils. **Habitat.**—Ambientes áridos puneños por arriba de los 3500 metros; suelos arenosos.

Habits.—Nocturnal; herbivorous-frugivorous, may consume insects also; inhabits abandoned *Ctenomys opimus* burrows. **Hábitos.**—Nocturna; herbívora, frugívora, puede comer insectos también; habita cuevas abandonadas de *Ctenomys opimus*.

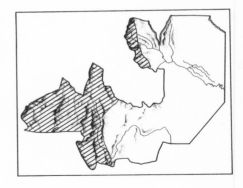

Graomys domorum

Pale Leaf-eared Mouse—Pericote Pálido

Identification.—Head-body, 131–148; tail 158–175; hind foot, 30–32; ear, 25–27; weight, 102; generally similar to *G. griseoflavus*, but larger; brown dorsally with ochraceous tones, the latter especially pronounced on the sides; venter brownish ochraceous; tail tip with tuft, but shorter hairs than in *G. griseoflavus*; tail bicolored, blackish dorsally, venter white; supraorbital ridges palpable on live animal. **Identificación.**—Cabeza y cuerpo, 131–148; cola, 158–175; pata posterior, 30–32; oreja, 25–27; peso, 102; aspecto similar a *G. griseoflavus*, pero de mayor tamaño; coloración dorsal parda con tonos ocres, especialmente los costados; vientre pardo amarillento; porción terminal de la cola con pelos no tan largos como en el pericote común; cola bicolor con el lado dorsal negruzco y el ventral blanco; bordes supraorbitales palpables en el animal vivo.

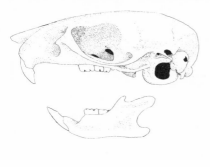
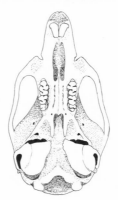
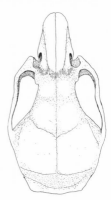

Habitat.—Restricted to transitional forest in central Salta and the western limits of the chacoan thorn scrub. **Habitat.**—Restringido a la selva de transición en el área central de la provincia y márgenes del área chaqueña.

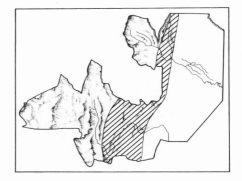

Habits.—Nocturnal; semiarboreal; frugivore-herbivore. **Hábitos.**—Nocturno; semiarborícola; frugívoro-herbívoro.

Graomys griseoflavus

Gray Leaf-eared Mouse—Pericote Común

Identification.—Head-body, 118; tail, 125–177; hind foot, 20–26; ear, 21–29; weight, 40–100; dorsal gray to grayish brown, base of hairs plumbeous; weakly ochraceous lateral line; venter white, throat hairs white to base; tail tip with small tuft; tail bicolored; supraorbital ridges palpable on living animal. **Identificación.**—Cabeza y cuerpo, 118; cola, 125–177; pata posterior, 20–26; oreja, 21–29; peso, 40–100; coloración dorsal pardo a pardo grisáceo; débilmente ocráceo al costado; vientre blancuzco en marcado contraste con el dorso y con la base de los pelos blancos en el cuello; porción terminal de la cola con pelos largos; cola bicoloreada; bordes supraorbitales palpables en el animal vivo.

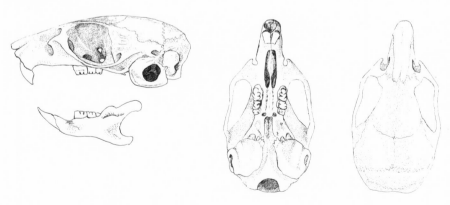

Habitat.—Arid and semiarid habitats of the chaco, monte, and prepuna; gallery forests in xeric regions; rocky hillsides; cultivated areas. **Habitat.**—Ambientes áridos y semiáridos del chaco, monte y prepuna; selvas de galería; laderas rocosas; áreas cultivadas.

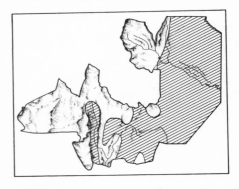

Habits.—Nocturnal; semiarboreal; eats leaves, fruits and insects; one of the most common species in mesquite (*Prosopis*) zones. **Hábitos.**—Nocturno; semiarborícola; se alimenta de hojas, frutos e insectos; el pericote común es una de las especies más abundantes en los bosques de algarrobo (*Prosopis*).

Commentary.—Easily distinguished from other *Graomys* and *Phyllotis* by its very white belly and throat. **Comentarios.**—Se diferencia de otros *Graomys* y *Phyllotis* por su vientre notablemente más blanco.

Holochilus brasiliensis
Marsh Rat—Rata Nutria o Rata Colorada

Identification.—Head-body, 144–190; tail, 140–192; hind foot, 35–40; ear, 21–23; weight, 150; generally very reddish-ochraceous dorsally except for some chaco populations that are brownish dorsally; venter yellowish white, well differentiated from the dorsal coloration; hind feet large and with inter-digital webbing; tail naked and thick. **Identificación.**—Cabeza y cuerpo, 144–190; cola, 140–192; pata posterior, 35–40; oreja, 21–23; peso, 150; coloración general rojiza, excepto algunas poblaciones del chaco que son marrones; vientre blanco amarillento, bien diferenciado del resto del cuerpo; patas posteriores grandes y con membranas interdigitales; cola gruesa y desnuda.

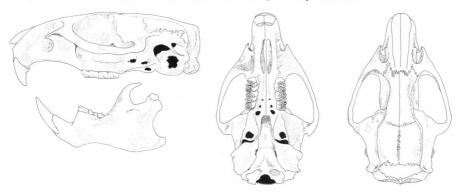

Habitat.—Moist forest, transitional forest, and chaco; cane fields in moist low-lying areas; near permanent lagoons in the chaco. **Habitat.**—Selva húmeda, bosque de transición y chaco; cañaverales; en proximidad de ambientes inundables y lagunas permanentes de la región chaqueña.

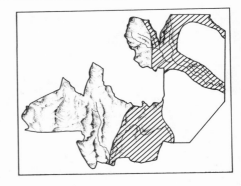

Habits.—Nocturnal; herbivorous; good climber; builds elevated nests in cane fields and in other areas as well. **Hábitos.**—Nocturna; herbívora; trepadora; en zona de cañaverales utiliza la corteza de la caña de azúcar para la construcción de nidos elevados del suelo.

Commentary.—Considered a pest species in northwestern Argentina because of its preference for sugar cane. **Comentarios.**—En el Noroeste Argentino la rata colorada es tratada como especie perjudicial por el daño que ocasiona en la caña de azúcar.

Oryzomys chacoensis
Chacoan Rice Rat—Colilargo Chaqueño

Identification.—Head-body, 77–104; tail, 108–149; hind foot, 24–29; ear, 16–21; weight, 15–31; clay color to reddish brown dorsally with many black hairs interspersed; head grayish; venter whitish with dark gray basal color; hairs of chin and throat white to base; feet white dorsally; tail brown above, lighter below. **Identificación.**—Cabeza y cuerpo, 77–104; cola, 108–149; pata posterior, 24–29; oreja, 16–21; peso, 15–31; dorso de color arcilloso a rojizo con tonos negros; vientre blancuzco con color basal plomizo; garganta y mentón blanca; dorso de las patas blanco; dorso de la cola marrón, vientre de la cola más claro.

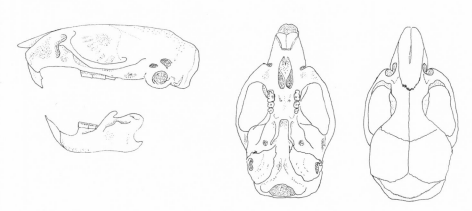

Habitat.—Chacoan thorn scrub and transitional forest. **Habitat.**—Bosque chaqueño y de transición.

Habits.—Nocturnal; herbivorous to omnivorous; good climber. **Hábitos.**—Nocturna; herbívora a omnívora; trepadora.

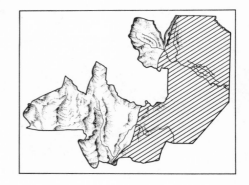

Oryzomys legatus

Large-headed Rice Rat—Colilargo Acanelado

Identification.—Head-body, 115–130; tail, 140–155; hind foot, 32–34; ear, 24–26; weight, 43–80; reddish brown dorsally; flanks ochraceous; ventrum grayish white; dorsum of forefeet and hind feet white; tail well furred, but rings evident; ears prominent; roughly similar to *Rhipidomys*, but the latter has the dorsum of the hind feet black. **Identificación.**—Cabeza y cuerpo, 115–130; cola, 140–155; pata posterior, 32–34; oreja, 24–26; peso, 43–80; coloración dorsal pardo rojiza; flancos amarillentos; vientre gris blancuzco; dorso de las patas blanco; cola con pelos, pero se ven los anillos; orejas prominentes; por su tamaño puede confundirse con *Rhipidomys*, aunque difieren en la coloración de sus patas, que en *Rhipidomys* tienen el dorso negro.

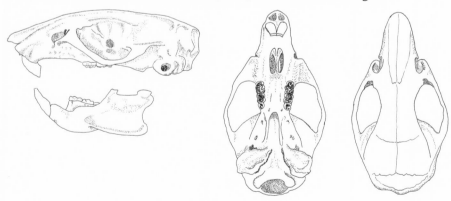

Habitat.—Moist forests, near arroyos and streams. **Habitat.**—Restringido a bosques húmedos, próximo a arroyos y quebradas.

Habits.—Nocturnal; semiarboreal; feeds on vegetation and insects; less abundant than *Oryzomys longicaudatus*. **Hábitos.**—Nocturno; semiarborícola; se alimenta de vegetación e insectos; no tan abundante como *Oryzomys longicaudatus*.

Oryzomys longicaudatus
Common Rice Rat—Colilargo Común

Identification.—Head-body, 80–112; tail, 110–150; hind foot, 22–27; ear, 17–21; weight, 13–29; similar in general shape and coloration to *O. legatus*, but much smaller; dorsum brownish-ochraceous; flanks paler colored; venter creamy yellow; tail long and very sparsely furred. **Identificación.**—Cabeza y cuerpo, 80–112; cola, 110–150; pata posterior, 22–27; oreja, 17–21; peso, 13–29; similar a *O. legatus* por su forma y coloración, aunque de mucho menor tamaño; coloración dorsal pardo amarillenta; flancos más claros; vientre amarillo cremoso; cola larga con poco pelo.

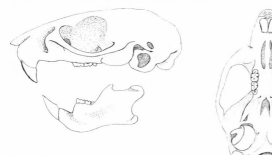

179

Habitat.—Moist forest; transitional forest; gallery forest; along arroyos in semiarid zones in the chaco; cultivated areas. **Habitat.**—En bosques húmedos y de transición; bosques de galería; a lo largo de ríos en zonas semiáridas del chaco; áreas cultivadas.

Habits.—Nocturnal; semiarboreal; omnivorous; common under rocks and tree trunks. **Hábitos.**—Nocturno; semiarborícola; omnívoro; común bajo piedras y troncos.

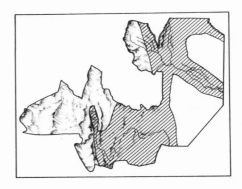

Commentary.—The most common rice rat encountered in Salta. **Comentarios.**—La especie más común de colilargo en Salta.

Oxymycterus paramensis
Burrowing Mouse—Hocicudo Parameño

Identification.—Head-body, 100–140; tail, 87–113; hind foot, 28–30; ear, 20–21; weight, 36–52; general aspect similar to *Akodon varius*; characterized by elongated snout; dorsum reddish brown; ventrum yellowish brown to orangish; pelage shaggy, long and fine; nails long. **Identificación.**—Cabeza y cuerpo, 100–140; cola, 87–113; pata posterior, 28–30; oreja, 20–21; peso, 36–52; aspecto del pelaje similar a *Akodon varius*; característica es la prolongación del hueso nasal formando una especie de hocico; coloración dorsal pardo rojizo; vientre amarillento parduzco a anaranjado; pelaje denso, suave y fino; uñas de las manos y patas largas.

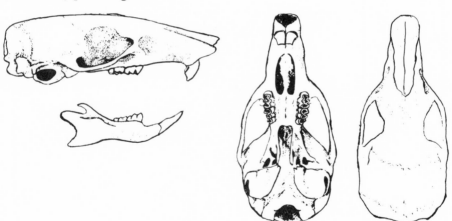

Habitat.—Restricted to moist forest; areas of secondary growth within moist forest; near arroyos and streams in the forest. **Habitat.**—Restringido a bosques húmedos; vegetación de crecimiento secundario; en proximidad de arroyos y quebradas de selva.

Habits.—Nocturnal; mainly insectivorous; burrower. **Hábitos.**—Nocturno; se alimenta principalmente de insectos; parcialmente subterráneo.

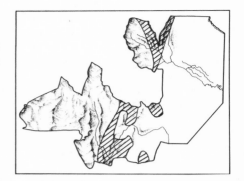

Phyllotis darwini

Darwin's Leaf-eared Mouse—Pericote Panza Gris

Identification.—Head-body, 113; tail, 95–135; hind foot, 24–27; ear, 24–28; weight, 40–60; pelage long and dense; dorsum grayish brown with paler blond tones diffuse throughout; dorsal hairs dark and plumbeous for basal two-thirds; venter creamy white; base of hairs dark gray; ochraceous lateral line; terminal tail tuft of dark hairs; ears large; throat hairs dark gray basally.

Identificación.—Cabeza y cuerpo, 113; cola, 95–135; pata posterior, 24–27; oreja, 24–28; peso, 40–60; pelaje largo y denso; coloración del dorso gris con tonos parduzcos amarillentos; pelos del dorso plomizo por el dos tercios basales; vientre gris pálido a oscuro, base de los pelos plomizo oscuro; tonos ocres en los flancos. Cola más larga que la longitud de la cabeza y cuerpo; porción terminal de la cola con pelos largos y oscuros; orejas grandes; pelos del cuello plomizo oscuro en la base.

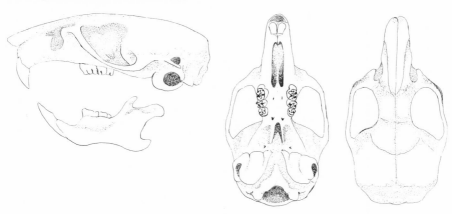

Habitat.—Mountainous regions; rocky hillsides and rocky shrublands in the prepuna; gallery forests in the lower limits of its elevational range, always near rocks. **Habitat.**—Áreas montanas; laderas rocosas y arbustivas de la prepuna; bosquecillos de galería a lo largo de arroyos en las porciones más bajas de su distribución, siempre en cercanía de rocas.

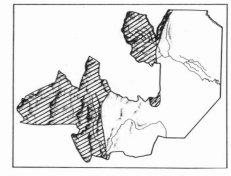

Habits.—Nocturnal; herbivore-omnivore; associated with rocks; lives in burrows under shrubs or in rock piles. **Hábitos.**—Nocturno; herbívoro, omnívoro; asociado a ambientes rocosos; vive en cuevas que construye en la base de arbustos o en grietas de rocas.

Rhipidomys leucodactylus
White-footed Climbing Mouse—Colilargo Peludo

Identification.—Head-body, 154; tail, 180; hind foot, 31.4; ear, 24; weight, 70–90; generally similar to *Oryzomys legatus*, although of larger size; reddish brown dorsally; ventrum white; tail well haired, but hairs short; feet small and white, with a characteristic black spot on the dorsum of the hind feet. **Identificación.**—Cabeza y cuerpo, 154; cola, 180; pata posterior, 31.4; oreja, 24; peso, 70–90; aspecto similar a *Oryzomys legatus* aunque de mayor tamaño; coloración pardo rojiza; vientre blanco; cola cubierta de pelos cortos; patas cortas, blancas, con una característica mancha negra en el lado dorsal.

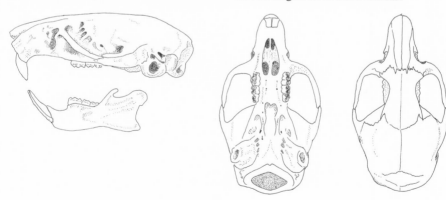

Habitat.—Restricted to moist forest. **Habitat.**—Restringido a bosques húmedos.

Habits.—Nocturnal; arboreal; omnivorous, although principally a frugivore. **Hábitos.**—Nocturno; arborícola; omnívoro, preferentemente se alimenta de frutos.

FAMILY ERETHIZONTIDAE

New World Porcupines

Coendúes, o Puercoespines del Nuevo Mundo

Size large; characterized by being almost entirely covered by long spines (modified hairs) varying from a pale to a dark color; feet with four functional toes terminating in strong claws; dental formula 1/1, 0/0, 1/1, 3/3 = 20.

Tamaño grande; característicos por su cubierta de espinas claro-oscuras (pelos modificados); manos y pies con cuatro dedos funcionales terminados en fuertes uñas; fórmula dental 1/1, 0/0, 1/1, 3/3 = 20.

Coendou prehensilis

Prehensile-tailed Porcupine—Coendú Grande

Identification.—Head-body, 300–600; tail, 330–450; hind foot, 80–90; ear, 20; weight, 900–4300; hair short with general brownish coloration; body covered with thick spines that are white to pale yellow with black or brown tips; arboreal adaptations are shown in the long, prehensile tail that lacks spines; toes with curved claws. **Identificación.**—Cabeza y cuerpo, 300–600; cola, 330–450; pata posterior, 80–90; oreja, 20; peso, 900–4300; pelaje corto de color pardo; cuerpo recubierto de espinas gruesas, blancas a amarillentas con puntas pardas; adaptación arborícola reflejada en su cola larga, prensil y sin espinas; dedos terminados en uñas curvas.

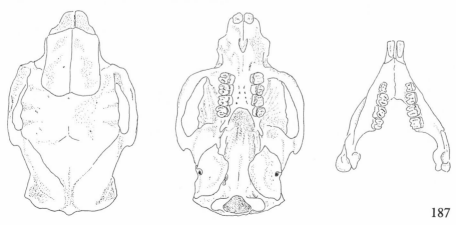

187

Habitat.—Tall, wet forests. **Habitat.**—Zona de bosques altos de la selva húmeda.

Habits.—Nocturnal; arboreal; lives in hollow trees; herbivorous and frugivorous; slow movements; spends a large part of the day high in the trees; may roll up into a ball in the presence of perceived threat; the spines are an excellent antipredator device and predators have been found with masses of spines in the mouth

and body; produces a sound similar to crying; four young born per year; gestation period 60 to 70 days. **Hábitos.**—Nocturno; arborícola; en huecos de troncos; herbívoro y frugívoro; de movimientos lentos; pasa gran parte del día en lo alto de los árboles; suele arrollar su cuerpo como bola ante la presencia de un extraño; las espinas de los coendúes son una excelente cubierta antipredatoria; se han observado predadores muertos con una masa de espinas en su cuerpo y boca; produce sonidos semejantes a un llanto; cuatro crías por año; período de gestación entre 60 a 70 días.

FAMILY CAVIIDAE

Cuises, Cavies, Guinea Pigs

Small to medium-sized rodents; legs short and thin; forefeet with four toes, hind feet with three; fur generally speckled (agouti); terrestrial or semiarboreal (*Microcavia*); forages on green vegetation, buds, and leaves; tail reduced or absent; testes abdominal outside of the breeding season; skull flattened and long; tooth rows form an inverted V; mandible with a groove parallel to the tooth row; dental formula 1/1, 0/0, 1/1, 3/3 = 20.

Cuises y Conejo del Palo

Formas pequeñas a medianas; extremidades cortas y delgadas; manos con cuatro dedos y pies con tres; pelaje por lo general jaspeado (agutí); terrícolas o semiarborícolas (cuís chico); se alimentan de hierbas, brotes y hojas (fitófagos); cola reducida o ausente; testículos abdominales fuera de la época de celo; cráneo chato y alargado; filas de dientes dispuestas en V invertida; mandíbula inferior con un surco paralelo a la fila de dientes; fórmula dental 1/1, 0/0, 1/1, 3/3 = 20.

Galea musteloides

Common Yellow-toothed Cavy—Cuis Común

Identification.—Head-body, 198–235; hind foot, 38–42; ear, 20–26; weight, 180–280; pelage with a speckled appearance; dorsum grayish to brownish; ventrum whitish; denuded area on the neck both below and above (submandibular gland present); white eye ring not readily visible; some individuals have a dark band around the neck; incisors yellow. **Identificación.**—Cabeza y cuerpo, 198–235; pata posterior, 38–42; oreja, 20–26; peso, 180–280; pelaje jaspeado; dorso grisáceo a pardo, vientre blanquecino; región desnuda en la porción ventral y superior del cuello (placa submentoniana); anillo blanco alrededor del ojo poco marcado; banda oscura alrededor del cuello presente en algunos; incisivos de color amarillo.

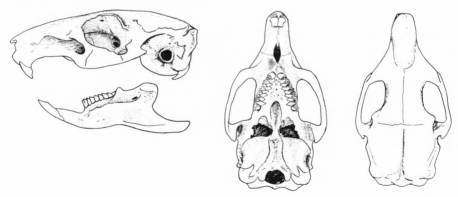

Habitat.—Grasslands and dry shrublands; secondary growth and the transitional forests; from the plains to 5000 meters. **Habitat.**— Pastizales y vegetación árida arbustiva; en zonas de crecimiento secundario y bosque de transición; desde la llanura hasta los 5000 metros.

Habits.—Diurnal; herbivorous; commonly seen along trails or roadways with bordering dense vegetation; rarely climbs; travels along run-

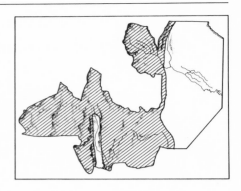

ways located in the vegetation; lives in shallow burrows with round openings; inhabits open spaces under rocks, branches, or roots; occurs in social groups under the control of a single male (generally the oldest); in some behaviors males will urinate on females (and vice versa), this is particularly true in some aspects of reproductive behavior; sand-bathing is common in this species as it is a means of maintaining the pelage in good condition and communicating via olfaction and the use of anal glands; emits sounds resembling a cry or a gritting of teeth; gestation period from 50 to 58 days; from one to seven young per litter; up to seven litters produced per year. **Hábitos.**—Diurno; herbívoro; suele observarse con frecuencia en las orillas de senderos o rutas con bordes de vegetación herbácea; raramente trepa; se desplaza a través de galerías entre la vegetación; vive en cuevas poco profundas y de boca redonda; vive en huecos entre piedras, ramas o raíces; en grupos sociales bajo la dominancia de un macho (por lo general el más viejo); entre algunos aspectos de su comportamiento aparece el "rociado de orina" por parte de los machos hacia las hembras (a modo de señal para los otros machos) o viceversa (a modo de rechazo); también es común el "baño de arena," a modo de mantenimiento de su pelaje y comunicación olfatoria por el olor de sus glándulas anales; emite sonidos semejando un llanto o en forma de chasquido de dientes; período de gestación entre 50 a 58 días; entre una a siete crías por camada; hasta siete camadas por año.

Commentary.—One of the most frequently observed species of caviid, particularly along roadsides, in weedy areas, or in green pastures in humid regions. **Comentarios.**—Una de las especies de cuis más comunes de observar, particularmente a los lados de caminos, en áreas de malezas o pastos verdes en regiones húmedas.

Microcavia australis

Southern Dwarf Cavy—Cuis Chico

EG

Identification.—Head-body, 182–245; hind foot, 35–47; ear, 20–22; weight, 141–340; coloration grayish yellow with speckled appearance; ventrum paler colored; eyes large, encircled by a white ring; incisors white; the neck lacks denuded areas (which are present on *Galea musteloides*); pelage fine. **Identificación.**—Cabeza y cuerpo, 182–245; pata posterior, 35–47; oreja, 20–22; peso, 141–340; coloración gris amarillenta jaspeado, vientre más claro; ojos grandes, rodeados por un anillo blanco; incisivos blancos; la zona superior y ventral del cuello no presenta un área desnuda (como en el cuis común); pelaje fino.

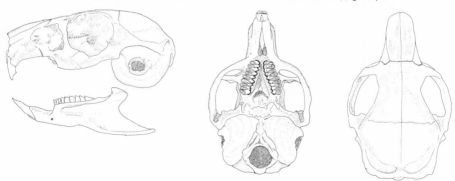

Habitat.—Arid zones in the low-lands and at higher elevations up to 2500 meters; grasslands and shrublands; vegetation bordering salt flats. **Habitat.**—Zonas áridas de llanura y altura; hasta los 2500 metros; pastizales y vegetación arbustiva; salinas.

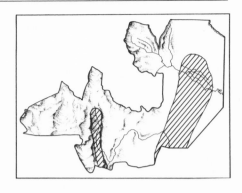

Habits.—Diurnal; herbivorous; good climber; lives in burrows under spiny shrubs and trees, in holes under rocks, or in tree trunks; home range varies from 0.3 to 1 ha; does not form stable pair bonds; may occur in large groups (without these being internally cohesive); gestation period 54 days; number of young one to five per litter; four litters per year; emits high whistles ("tsit-tsit") similar to some birds. **Hábitos.**—Diurno; herbívoro; trepador; vive en cuevas bajo arbustos y árboles espinosos, huecos entre piedras o ramas; área de acción entre 0.3 a 1 ha por individuo (varía de acuerdo al sexo); no forma parejas estables; agrupados (sin formar grupos cohesivos); período de gestación de 54 días; número de crías de una a cinco por camada; cuatro camadas al año; emite sonidos semejando al "tsit-tsit" de un pájaro.

Microcavia shiptoni

Andean Dwarf Cavy—Cuis Andino

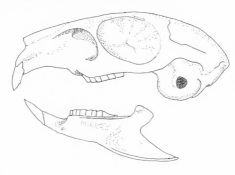

Identification.—Head-body, 181–220; hind foot, 36–39; ear, 17; weight, 150–220; very similar to the preceding species but somewhat smaller; dorsal coloration tawny, ventrum whitish; pelage fine; incisors white. **Identificación.**—Cabeza y cuerpo, 181–220; pata posterior, 36–39; oreja, 17; peso, 150–220; muy similar al cuis chico pero de tamaño algo menor; dorso leonado, vientre blancuzco; pelaje fino; incisivos blancos.

Habitat.—Shrublands of the Andean and pre-Andean mountains between 3000 and 4500 meters. **Habitat.**—Zona altoandina, entre los 3000–4500 metros.

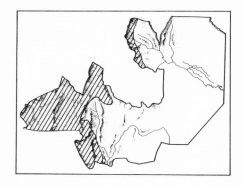

Habits.—Unknown. **Hábitos.**—Desconocidos.

Commentary.—Rarely observed. This species may be a race of *M. australis*, but this has not been definitely determined as yet. **Comentarios.**—Difícil de observar. Posiblemente se trata de una raza de altura del cuis chico, lo que no ha sido definitivamente determinado.

Pediolagus salinicola

Chacoan Cavy—Conejo del Palo

Identification.—Head-body, 420–485; tail, 19–30; hind foot, 91–101; ear, 58–64; weight, 1800–2300; size larger than the preceding caviids, similar to a rabbit; legs long and thin; toes terminate in nails rather than claws; dorsal coloration brownish gray to darker gray; a diffuse speckling evident in the pelage; flanks, neck and ventrum whitish; head and ears large; pelage short and smooth; incisors white. **Identificación.**—Cabeza y cuerpo, 420–485; cola, 19–30; pata posterior, 91–101; oreja, 58–64; peso, 1800–2300; tamaño mayor que las formas anteriores, similar a una liebre; miembros delgados y largos; dedos de los pies terminados en forma de pezuñas; coloración dorsal gris oscura; jaspeado difuso; flancos, cuello y vientre blancuzcos; cabeza y orejas grandes; pelaje corto y suave; incisivos blancos.

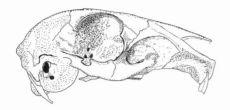

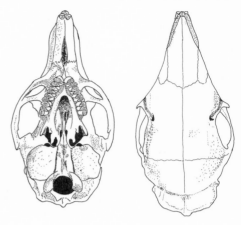

Habitat.—Chacoan forests; shrublands. **Habitat.**—Bosque chaqueño;
vegetación arbustiva.

Habits.—Diurnal; easily observed
in the early morning and the early
evening; commonly seen along trails
or sitting under tall thorn trees;
social, in pairs or groups; inhabits
burrows that it digs itself or lives in
abandoned vizcacha burrows; gestation period two months; two to five
young per litter. **Hábitos.**—Diurno;

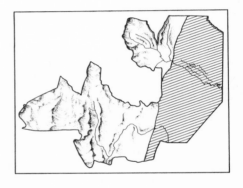

frecuente de observar en las primeras horas de la mañana y de la tarde a lo
largo de senderos o sentado debajo de un arbusto; social, en pares o grupos;
vive en cuevas que construye o vizcacheras abandonadas; período de gestación
de dos meses; dos a cinco crías por camada.

Commentary.—Abundant in the chacoan forest. Utilized as food and for
their pelts by native hunters; a small game animal. This species is heavily
hunted by man. It is ecologically unstudied. **Comentarios.**—Abundante en el
bosque chaqueño. Utilizado como alimento y en la confección de tapados y
mantas; animal de caza menor. Esta especie está muy perseguida por el hombre. Es desconocida ecológicamente.

FAMILY HYDROCHAERIDAE

Capybara

Size large; skull easily identified by its large size and the long paraoccipital condyles; last molar tooth characteristic, being larger than all of the other molariform teeth combined; dental formula 1/1, 0/0, 1/1, 3/3 = 20; tail vestigial; three toes on the forefeet, four on the hind, terminating in nails and having the toes partially united by a heavy membrane.

Carpincho

Tamaño grande; cráneo fácilmente reconocible por sus dimensiones y el largo de los cóndilos paraoccipitales; último molar característico, de mayor tamaño que el resto de los dientes combinados; cola vestigial; tres dedos en las manos, cuatro en los pies, terminados en uñas y unidos parcialmente por una fuerte membrana; fórmula dental 1/1, 0/0, 1/1, 3/3 = 20.

Hydrochaeris hydrochaeris

Capybara—Carpincho

Identification.—Head-body, 1250; hind foot, 190–220; ear, 60–70; height at shoulder, 500; weight, as much as 100 kgs; largest rodent in the world; body heavy; legs short; head large with blunt rostrum; eyes and nostrils located toward the superior portion of the head (adaptations for aquatic existence); pelage long and thick, with general coloration being reddish to reddish brown, with the ventral portions being paler colored; snout and region around the eyes usually a dull yellowish. **Identificación.**—Cabeza y cuerpo, 1250; pata posterior, 190–220; oreja, 60–70; altura, 500; peso, hasta 100 kgs; el roedor de mayor tamaño; de cuerpo robusto; extremidades cortas; cabeza grande y rostro truncado; los ojos y narinas ubicados en la porción superior de la cabeza (adaptación al medio acuático); el pelaje es largo y grueso, de coloración pardo rojiza con tonos claros en el vientre; la región del hocico y ocular amarillento parduzca.

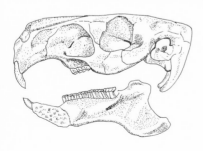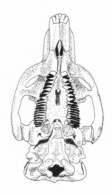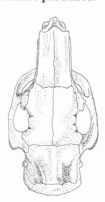

Habitat.—Usually near water (rivers, arroyos, lagoons) in the wet forest and in flooded areas of the chaco. **Habitat.**—Próximos a cuerpos de agua (ríos, arroyos, lagunas) de la selva húmeda y zonas anegadizas de bañados del área chaqueña.

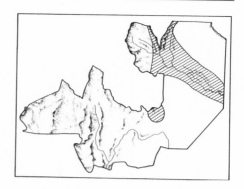

Habits.—Crepuscular and nocturnal; often seen during daylight hours in quiet areas; adapted to semiaquatic life; spends a major portion of the day in the water foraging on aquatic plants; takes refuge and carries on courtship in water; herbivorous; highly social, living in family groups and larger groups as well; group size varies with time of year and abundance of forage; three to seven young born once each year; gestation period 150 days. **Hábitos.**—Crepuscular y nocturno; suele verse de día en lugares tranquilos; adaptado a la vida semiacuática; transcurre gran parte del día en los cuerpos de agua que utiliza como sitios de alimentación, refugio y cortejo sexual; herbívoro; especie bastante sociable; vive en grupos familiares; el tamaño de los grupos varía de acuerdo a la época del año en relación a la abundancia del alimento; de tres a siete crías una vez por año; período de gestación, 150 días.

Commentary.—Heavily hunted for meat and leather. Rational game management directed toward the commercial utilization of this species could yield significant economic benefits to the region where it occurs naturally, given the wide utilization of its hide as leather in artisan goods, belts, purses, shoes, etc., and in the use of the meat as food. Between the years 1972–1981, Argentina exported 98,500 hides of capybaras. **Comentarios.**—Constituye un especie muy buscada por su cuero y carne. La administración racional de esta especie puede brindar grandes beneficios a la región a traves de la manufactura de sus cueros (artesanías, cinturones, zapatos, carteras, etc.) y en la alimentación. Entre los años 1972 a 1981 Argentina exportó 98.500 ejemplares en calidad de cueros.

FAMILY DASYPROCTIDAE

Agouti

Aguti

Size medium; legs long; forefeet with four toes, hindfeet with three, terminating in claws; tail vestigial; dental formula 1/1, 0/0, 1/1, 3/3 = 20.

Tamaño mediano; extremidades alargadas; manos con cuatro dedos, pies con tres, terminados en uñas; cola vestigial; fórmula dental 1/1, 0/0, 1/1, 3/3 = 20.

Dasyprocta punctata

Agouti—Agutí Rojizo

Identification.—Head-body, 600; hind foot, 115–125; ear, 40; height at shoulder, 230; weight, 2700; body robust and elongated; hair long and thick, with a dull, dark reddish coloration. **Identificación.**—Cabeza y cuerpo, 600; pata posterior, 115–125; oreja, 40; altura, 230; peso, 2700; cuerpo robusto y alargado; pelaje largo y grueso, de coloración pardo rojiza oscura.

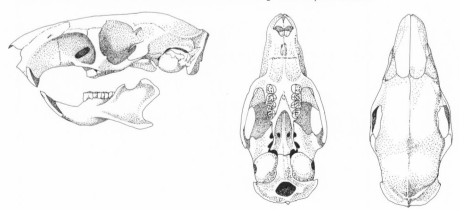

Habitat.—Moist forests and cultivated areas near wet forests. **Habitat.**—Selva; campos de cultivo.

Habits.—Crepuscular and diurnal;
digitigrade locomotion (cursorial);
agile runner, utilizing running to escape predation; forages on fruits, nuts,
and seeds that are stored during periods of food scarcity; important dispersal agent for many trees and shrubs;
solitary; monogamous; females give
birth to one to four young per litter

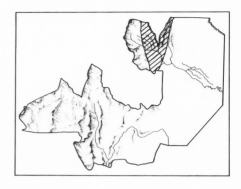

utilizing natural cavities in the soil surface as a nest; juveniles spend their first
five months with the mother; gestation period about 120 days. **Hábitos.**—Crepuscular y diurno; locomoción digitígrada (cursorial); ágil corredor (estrategia
antipredatoria); se alimenta a base de frutos, nueces y semillas, que suele acu-
mular en épocas de escasez; buen agente dispersor de semillas; solitario; monó-
gamo; las hembras dan a luz una a cuatro crías por camada utilizando las cavidades naturales del terreno; los juveniles transcurren los primeros cinco meses
de vida junto a su madre; período de gestación, 120 días aproximadamente.

FAMILY CHINCHILLIDAE

Chinchilla, Mountain Vizcacha

Fur dense and fine; thick planter
pads; forefeet with four toes, hindfeet
with four in *Lagidium* and *Chinchilla*,
three in *Lagostomus*; eyes and ears
large; skull compressed in *Lagostomus*
and *Lagidium*; dental formula 1/1, 0/0,
1/1, 3/3 = 20; sexual dimorphism
in *Lagostomus* and *Chinchilla*.

Chinchilla, Vizcacha, Chinchillón

Pelaje denso y suave; almohadillas
plantares carnosas; manos con cuatro
dedos y pies con cuatro en *Lagidium*
y *Chinchilla*, tres en *Lagostomus*; ojos
y orejas grandes; cráneo comprimido
en *Lagostomus* y *Lagidium*; dimorfismo sexual en *Lagostomus* y *Chinchilla*; fórmula dental 1/1, 0/0, 1/1, 3/
3 = 20.

Chinchilla brevicaudata
Greater Chinchilla—Chinchilla Grande

Identification.—Head-body, 225–380; tail, 75–150; hind foot, 57–60; ear, 62; weight, 500; pelage thick and fine; coloration pearl gray dorsally with a yellowish white ventrum; legs short, feet with weak claws; auditory bullae greatly inflated; incisors yellowish; females larger than males. **Identificación.**—Cabeza y cuerpo, 225–380; cola, 75–150; pata posterior, 57–60; oreja, 62; peso, 500; pelaje denso y suave; coloración grisáceo perlada con vientre blanco amarillento; extremidades cortas terminadas en uñas débiles; bullas auditivas voluminosas; incisivos coloreados; hembras mayores que los machos.

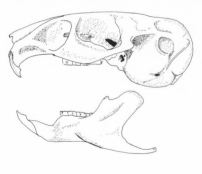
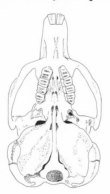
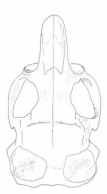

Habitat.—Steep hillsides and rocky outcroppings in the puna and Andean region; found between 4000 and 5000 meters. **Habitat.**—Laderas y enclaves rocosos de la región puneña y altoandina; entre 4000 a 5000 metros.

Habits.—Nocturnal; also active during the early morning and late afternoon; herbivorous; gregarious; monogamous?; reproductive period from November to May; two young per litter; gestation period 111 days; males more numerous than females. **Hábitos.**—Nocturna; también a primeras horas de la mañana y al atardecer; herbívora; gregaria; monogama?; período reproductivo de noviembre a mayo; dos crías por camada; período de gestación 111 dias; proporción de machos superior a hembras.

Commentary.—Practically extirpated in Argentina except for a few isolated populations in provinces other than Salta in the northwest; population density estimates unavailable. Its disappearance was brought about by uncontrolled hunting. **Comentarios.**—Prácticamente extinta de la región puneña argentina, salvo algunas poblaciones aisladas en otras provincias del noroeste; estimaciones de densidad, inexistentes. La caza incontrolada está causando su desaparición.

Lagidium viscacia
Mountain Vizcacha—Chinchillón, Vizcacha Serrana

Identification.—Head-body, 370; tail, 301; hind foot, 80–85; ear, 65–74; weight, 900–3000; overall aspect similar to chinchilla, although larger; tail long and covered with heavy long pelage on the dorsum; in general, the pelage is very fine and dense and of a grayish to brown to pale brown coloration; ventrum yellowish white; dorsal black band extending along the midline; ears long; males and females similar in size. **Identificación.**—Cabeza y cuerpo, 370; cola, 301; pata posterior, 80–85; oreja, 65–74; peso, 900–3000; aspecto similar a la chinchilla aunque de mayor tamaño; cola larga recubierta de pelaje grueso en su parte inferior; el pelaje general es suave y denso de coloración pardo grisacea; el vientre de un blanco amarillento; banda oscura a lo largo del dorso; orejas grandes; machos y hembras de tamaño similar.

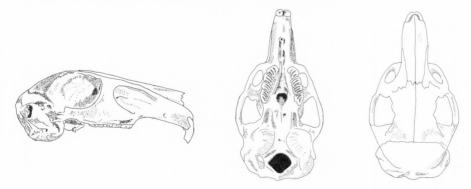

Habitat.—Boulder-covered hillsides in the cordillera and the precordillera; isolated rockpiles in the puna and pre-puna habitat; generally above 3000 meters. **Habitat.**—Laderas rocosas; enclaves o "islotes" de rocas de la región prepuneña y puna; por encima de los 3000 metros.

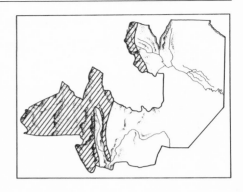

Habits.—Diurnal; major activity occurs in early morning and immediately before and after sunset; easily observed; herbivorous; gregarious; lives in colonies made up of family groups; saxicolous, frequently seen bounding from one boulder to another on steep arid hillsides; apparently sets up territories utilizing large boulders as observation posts; probably two young born per litter; gestation period approximately 140 days. **Hábitos.**—Diurna; mayor despliegue de actividad durante las primeras horas de la mañana y poco antes de la puesta de sol; fácil de observar; herbívora; gregaria; vive en colonias familiares; rupícola; suele observarse dando grandes saltos entre las rocas; parece ejercer cierto tipo de dominancia sobre extensiones de roca que utiliza como sitio de asoleo; es posible que de a luz a dos crías por camada; período de gestación, 140 días aproximadamente.

Lagostomus maximus
Plains Vizcacha—Vizcacha

Identification.—Head-body, 450–650; tail, 140–200; hind foot, 118–122; ear, 52–60; weight, 3000–8000; size generally similar to *Lagidium*, although *Lagostomus* is heavier-bodied; two black bands evident on the face in the eye and snout region; general coloration grayish to grayish brown; flanks generally darker than dorsum; males larger than females (sexual dimorphism); male with "mustache" (vibrissae) much thicker and darker than that of the female. **Identificación.**—Cabeza y cuerpo, 450–650; cola, 140–200; pata posterior, 118–122; oreja, 52–60; peso, 3000–8000; de tamaño similar a *Lagidium* (chinchillón); rostro surcado en la región ocular y hocico por dos bandas de pelos oscuros; coloración general grisacea; flancos de tonos más oscuros; dedos terminados en fuertes uñas; incisivos blancos; machos mayores que las hembras (dimorfismo sexual); macho con bigotes más gruesos y marcados que en las hembras.

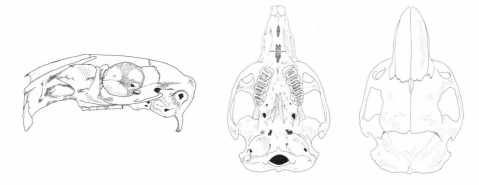

Habitat.—In denuded areas and areas lacking understory vegetation in the chacoan thorn scrub. **Habitat.**—En ambientes claros y abiertos del bosque chaqueño.

Habits.—Nocturnal; herbivorous; lives in colonies; burrow system complex with very large burrows having many openings; colonies probably remain viable for many years exerting an abiotic effect over a fairly extensive region; gathers much material (small twigs, branches, leaves, rocks, droppings, etc.) which is laid around the burrow openings and along the runways in the immediate vicinity of the burrow complex; two young born per litter each year (in captivity they breed all year); gestation period 154 days. **Hábitos.**—Nocturna; herbívora; vive en colonias (vizcacheras) de varias bocas; abarcan gran extensión de terreno en grupos establecidos durante varios años; bocas de las vizcacheras características por la gran cantidad de material que acumula en sus entradas (ramas, heces, piedras, etc.); dos crías por camada una vez por año (en cautividad procrean todo el año); período de gestación, 154 dias.

Commentary.—Considered a plague species because of its damage to crops and its competition for pasture with domestic animals, this species has been persecuted in Argentina. Lack of basic research on its population dynamics and sociobiology, coupled with a strong campaign dedicated to its elimination, has resulted in its disappearance from huge portions of Argentina. Between 1972–1981, Argentina exported a total of 1,000,000 pelts to external markets. **Comentarios.**—Considerado como animal perjudicial o "plaga" por el daño que suele ocasionar en áreas de cultivo y pastura para el ganado doméstico. Esta especie ha sido muy combatida en Argentina. La falta de conocimientos sobre la dinámica de sus poblaciones y sociobiología, unida a una fuerte campaña para su eliminación, ha dado lugar a su desaparición en gran parte de Argentina, desde donde se han exportado un total de 1.000.000 de cueros entre los años 1972 a 1981.

FAMILY MYOCASTORIDAE

Nutria

Coypo

Size medium; similar to beavers in general morphology, but smaller; coronoid process of the mandible very small; forefeet with four toes (the thumb is vestigial), hind feet with five toes; an interdigital membrane unites the four toes of the hind feet, the fifth toe is free; nails large; dental formula 1/1, 0/0, 1/1, 3/3 = 20.

Tamaño mediano; semejantes a castores pero de menor tamaño; proceso coronoide de la mandíbula muy reducido; manos con cuatro dedos (el pulgar es vestigial); pies con cinco dedos; membrana interdigital une los cuatro dedos de los pies, el quinto es libre; uñas largas; fórmula dental 1/1, 0/0, 1/1, 3/3 = 20.

Myocastor coypus
Nutria—Coypo, Nutria

Identification.—Head-body, 600; tail, 255–425; hind foot, 120; ear, 30; weight, 8000; head triangular and body elongated, adapted to aquatic life; tail cylindrical and thick; pelage dense and fine with a dull brownish coloration; ventrum yellowish white. **Identificación.**—Cabeza y cuerpo, 600; cola, 255–425; pata posterior, 120; oreja, 30; peso, 8000; cabeza triangular y cuerpo alargado, adaptado a la vida acuática; cola cilíndrica y gruesa; pelaje denso y suave de coloración parduzca; vientre blanco amarillento.

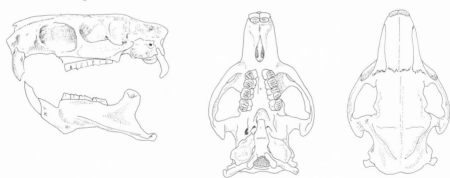

Habitat.—Lagoons, tranquil rivers and swamplands of the chacoan forest and the moist forests. **Habitat.**—Lagunas, ríos tranquilos y bañados del bosque chaqueño y selva.

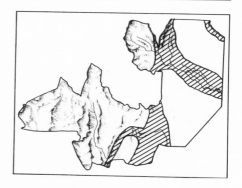

Habits.—Diurnal and crepuscular; herbivorous; semiaquatic; excellent swimmer; may remain submerged for an extended period; inhabits burrows along the edges of rivers and lakes; lives in pairs; two to four young born two to three times per year; gestation period 132 days. **Hábitos.**—Diurna y crepuscular; herbívora; semiacuática; buen nadador; puede quedar sumergida durante largo tiempo; habita en cuevas en las márgenes de ríos y lagunas; vive en parejas; dos a cuatro crías, de dos a tres veces por año; período de gestación, 132 días.

Commentary.—This species is heavily hunted because of its fine pelt and is rapidly disappearing in many rivers and lakes of Argentina. It has been introduced into the United States and Eurasia. Argentina exported 20,000,000 pelts between the years 1972 and 1981—these were obtained both from wild animals and from animals that were raised in captivity. **Comentarios.**—Especie muy perseguida por su cuero; desapareciendo en distintos ríos y lagunas de Argentina. Se ha introducido en Estados Unidos de Norteamérica y Eurasia. Argentina exportó 20.000.000 de cueros entre los años 1972–1981 (criaderos y silvestre).

FAMILY OCTODONTIDAE

Vizcacha Rats

Ratas Vizcachas

The name octodontid is given because of the teeth, which have cusps in the form of a figure eight; size similar to a common rat; forefeet with four toes and hind feet with five; stiff hairs cover toenails; pelage dense and silky; ears rounded and covered with short hair; thumb reduced.

Reciben el nombre de octodóntidos por la forma de ocho de sus dientes; tamaño similar a una rata común; manos con cuatro dedos y pies con cinco; pelos duros recubren las uñas; pelaje denso y sedoso; orejas redondeadas y cubiertas de pelo corto; pulgar reducido.

Octodontomys gliroides
Brush-tailed Vizcacha Rat—Rata Cola de Pincel

Identification.—Head-body, 180; tail, 180; hind foot, 34–39; ear, 25–30; weight, 100–200; pelage similar to a chinchilla; tail long and terminating in a tuft of very long hairs; coloration pearl gray with a white underbelly. **Identificación.**—Cabeza y cuerpo, 180; cola, 180; pata posterior, 34–39; oreja, 25–30; peso, 100–200; pelaje similar a chinchilla; cola larga terminada en un penacho de pelos; coloración gris perlada con vientre blanco.

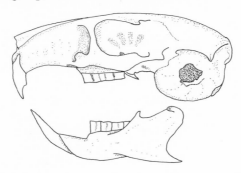

Habitat.—Shrublands in mountainous areas of the prepuna and steep rocky slopes of the puna. **Habitat.**—Zonas arbustivas en montañas de la prepuna y laderas rocosas puneñas.

Habits.—Crepuscular and diurnal; herbivorous, commonly eats cactus and fruits of *Acacia*; lives in burrows constructed under the base of shrubs, amidst cactus, or in fissures in rockpiles; one to three young per litter; gestation period approximately 99 days. **Hábitos.**—Crepuscular y diurna; herbívora (fru-

tos de *Acacia* y cactus); habita en cuevas construidas en la base de arbustos, cactus o grietas rocosas; una a tres crías por camada; período de gestación, 99 días aproximadamente.

Commentary.—Other than a few isolated anecdotal comments, the biology and ecology of this species is unknown. **Comentarios.**—Salvo descripciones aisladas, la biología y ecología de esta especie permanecen desconocidas.

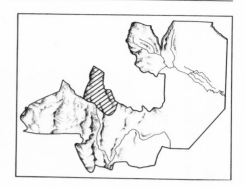

Family Ctenomyidae

Tucu-tucos

Tucu-tucos u Ocultos

Adapted for subterranean life; body robust; tail short, less than head-body length; ears very small; feet large, with strong claws; toes with stiff hairs forming a comb, especially on hind feet; incisors heavy; molars kidney-shaped; good burrowers; inhabit complex underground galleries; their presence is shown by mounds of dirt that are deposited outside of burrow entrances; vocal, with a deep thumping call that gives rise to the common name, "tucu-tuco."

Formas adaptadas a la vida subterranea; cuerpo robusto; cola corta, menor que la longitud de la cabeza y cuerpo; orejas reducidas; pies grandes y dedos con uñas recurvadas; dedos cubiertos de pelos duros, formando una especie de "peine" en las patas posteriores; incisivos fuertes; molariformes de aspecto arriñonado; cavadores; habitan galerías complejas de extensión y profundidad variable; característicos son los montículos de tierra que forman como consecuencia de la excavación de sus galerias, que generalmente se encuentran al lado o encima de las bocas de entrada y salida; producen sonidos característicos que les dan su nombre de tucu-tuco.

Ctenomys frater

Forest Tucu-tuco—Tucu-tuco Colorado

Identification.—Head-body, 172–175; tail, 70–77; hind foot, 38–39; ear, 9–11; weight, 200–235; dorsally dark russet to almost black. **Identificación.**— Cabeza y cuerpo, 172–175; cola, 70–77; pata posterior, 38–39; oreja, 9–11; peso, 200–235; coloración rojiza oscura a negra.

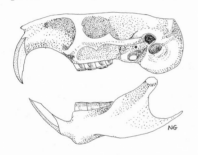 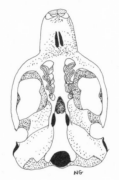 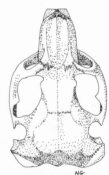

Habitat.—Moist forest; near arroyos and streams. **Habitat.**—Selva húmeda; en la cercanía de arroyos y quebradas.

Habits.—Nocturnal and diurnal; herbivorous. **Hábitos.**—Nocturno y diurno; herbívoro.

Commentary.—Apparently does not vocalize. **Comentarios.**—Aparentemente no produce sonidos.

214

Ctenomys mendocinus

Mendoza Tucu-tuco—Tucu-tuco Mendocino

Identification.—Head-body, 177; tail, 72; hind foot, 29; ear, 9; weight, 155–220; pale brown color, darker on the dorsum; ventrum pale gray to whitish; feet whitish; tail buffy white with dark terminal crest. **Identificación.**—Cabeza y cuerpo, 177; cola, 72; pata posterior, 29; oreja, 9; peso, 155–220; color marrón claro, más oscuro en el dorso; vientre blancuzco; patas blancuzcas; cola marrón clara con cresta oscura en la parte terminal.

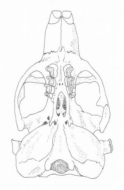
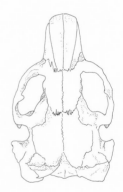

Habitat.—Chacoan thorn scrub.
Habitat.—En ambientes arbustivos del bosque chaqueño.

Habits.—Active both night and day. Like other tucu-tucos, forages on roots, bulbs, stems, bark, and leaves.
Hábitos.—Activa durante la noche y el dia. Como los otros ocultos, come raices, ramitas, corteza, y hojas.

Ctenomys opimus
Highland Tucu-tuco—Tucu-tuco Tojo

Identification.—Head-body, 198; tail, 82; hind foot, 41; ear, 9; weight, 400; largest tucu-tuco in Salta; pelage fine, yellowish tan; snout darker. **Identificación.**—Cabeza y cuerpo, 198; cola, 82; pata posterior, 41; oreja, 9; peso, 400; el más grande de los tucu-tucos de la provincia; pelaje suave, de coloración general amarillenta con tonos dorados; hocico más oscuro.

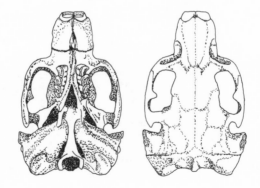

Habitat.—Arid puna shrublands above 3400 meters. **Habitat.**—Ambientes arbustivos áridos de la puna; por encima de los 3400 metros.

Habits.—Crepuscular, also diurnal; feeds on roots, stems, and leaves of shrubs; its activities are indicated by the sharp-angled cuts of the stems of puna shrubs, such as *Parastrephia* and *Fabiana*. **Hábitos.**—Crepuscular y diurno; se alimenta de ráices y tallos; es común encontrar huellas de esta especie por el corte a bisel que aparece en los arbustos (*Parastrephia* y *Fabiana*).

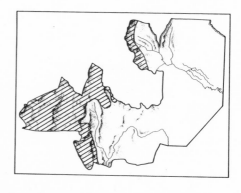

Commentary.—An important species in the puna from the standpoint of biomass. **Comentarios.**—Es una especie importante en la biomasa de la puna.

Ctenomys saltarius

Salta Tucu-tuco—Tucu-tuco Salteño

Identification.—Head-body, 203; tail, 80; hind foot, 37.5; ear, 10; weight, 230. **Identificación.**—Cabeza y cuerpo, 203; cola, 80; pata posterior, 37.5; oreja, 10; peso, 230.

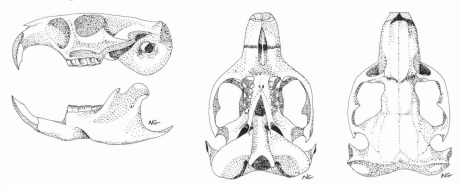

Habitat.—Arid shrublands of the monte. **Hábitat.**—Ambientes áridos y arbustivos del monte.

Habits.—Crepuscular, nocturnal; feeds on roots, and the stems and leaves of creosote bush (*Larrea*) and many other plants. **Hábitos.**—Crepuscular y nocturna; se alimenta de raíces, y las ramas y hojas de jarilla (*Larrea*) y muchas otros plantas.

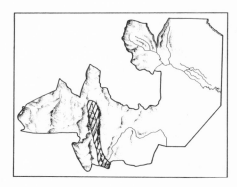

FAMILY ABROCOMIDAE

Chinchilla Rats

Ratas Chinchillas

Size of a common rat; pelage long, dense, and fine, similar to a chinchilla; head and eyes large; tail cylindrical, covered with short hair; forefeet with four toes, hind feet with five, terminating in weak claws; auditory bullae large; dental formula 1/1, 0/0, 1/1, 3/3 = 20.

Tamaño de una rata común; pelaje largo, denso y suave, similar a chinchilla; cabeza y ojos grandes; cola cilíndrica, cubierta de pelo corto; manos con cuatro dedos, pies con cinco, terminados en uñas débiles; bullas auditivas grandes; fórmula dental 1/1, 0/0, 1/1, 3/3 = 20.

Abrocoma cinerea

Chinchilla Rat—Rata Chinchilla

Identification.—Head-body, 150–201; tail, 59–144; hind foot, 34–36; ear, 29; weight, 250; tail and legs short; pelage dense and fine, dorsal hairs about 20 mm long; dorsally pale gray, paler on the flanks; ventrally grayish-white; ears long, brown, and nearly hairless; fore and hind feet silvery white; tail gray dorsally, white ventrally. **Identificación.**—Cabeza y cuerpo, 150–201; cola, 59–144; pata posterior, 34–36; oreja, 29; peso, 250; cola y patas cortas; pelaje denso y suave, pelos dorsales de 20 mm; color dorsal gris claro, más pálido en los flancos; vientre gris blancuzco; orejas largas de color marrón y casi desnudas; manos y patas blanco plateado; cola gris dorsal y blanco ventral.

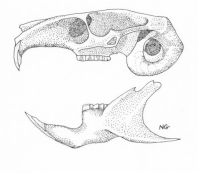
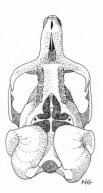
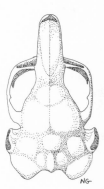

Habitat.—Steep rocky slopes in the puna above 4000 meters. **Habitat.**—Laderas pedregosas puneñas; a más de 4000 metros.

Habits.—Diurnal; herbivorous; saxicolous; excellent climber; lives in fissures of rocks and burrows under rocks; colonial?; reproductive behavior unknown. **Hábitos.**—Diurna; herbívora; rupícola; buen trepador; vive en grietas rocosas y cuevas; colonial?; características reproductivas desconocidas.

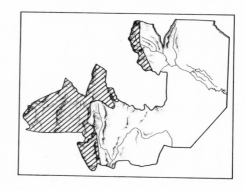

Commentary.—The pelt of this species is commercialized much as if it were a chinchilla. **Comentarios.**—Suele comercializarse la piel de esta especie como si se tratara de chinchilla.

ORDER CARNIVORA

Foxes, Cats, Coati, Raccoon, Skunks, Weasels and Otters

A great variety of forms, from small (*Lyncodon patagonicus*) to large (jaguar); generally of elongated body form, with legs and tail well developed; the feet frequently have sharp, powerful curved claws that, in the case of cats, are retractile; adapted to a variety of life styles (running, swimming, climbing, etc.) and habitats; most species characterized by a carnassial, a shearing blade formed of the fourth upper premolar and first lower molar, that is used in slicing the meat of their prey.

Zorros, Gatos, Coatí, Osito Lavador, Zorrinos, Hurones y Lobito del Río

Este órden comprende una gran variedad de formas, de tamaño variado, desde pequeños (huroncito patagónico) hasta grandes (jaguar); su aspécto es generalmente alargado, con patas y cola bien desarrolladas; las patas presentan uñas bien desarrolladas que actúan a modo de garras en algunas especies y pueden ser retráctiles (gatos); muestran en general, adaptaciones a diferentes hábitos, como corredores, caminadores, nadadores, etc.; es característico la adaptación del último premolar superior y el primer molar inferior como "dientes carniceros" en forma de hoja cortante, en la mayoría de las especies.

KEY TO THE FAMILIES OF CARNIVORES

CLAVE A LAS FAMILIAS DE CARNIVOROS

1   Dental formula 3/3, 1/1, 4/4, 3/3 = 42; fourth upper premolar well developed to form shearing blade (carnassial). Fórmula dental 3/3, 1/1, 4/4, 2/3 = 42; premolar superior 4 bien desarrollado (diente "carnicero")
.... CANIDAE, p. 223

1'   Dental formula not as above. Fórmula dental distinta 2

2   Dental formula 3/3, 1/1, 3/2, 1/1 = 30; last upper molar greatly reduced; skull rounded in lateral view. Fórmula dental 3/3, 1/1, 3/2, 1/1 = 30; último molar superior diminuto; craneo redondeado en vista lateral.......
....FELIDAE, p. 246

2'   Dental formula variable, molars never 1/1; last upper molar with medial constriction in some species; skull not rounded in lateral view. Fórmula dental variable, molares nunca 1/1; el último molar superior presenta en algunas una constricción media; craneo no redondeado en vista lateral .. 3

3   Dental formula 3/3, 1/1, 2–4/3–4, 1/2; teeth generally well developed for shearing; last upper molar quadrate. Fórmula dental 3/3, 1/1, 2–4/3–4, 1/2; dientes carniceros bien desarrollados generalmente; último molar superior de forma cuadrada......................... MUSTELIDAE, p. 236

3'   Dental formula 3/3, 1/1, 3–4/3–4, 2/4 = 36–40; teeth poorly developed for shearing; last upper molar relatively large and rounded. Fórmula dental 3/3, 1/1, 3–4/3–4, 2/4 = 36–40; dientes carniceros poco desarrollados; último molar superior relativamente grande y redondeado ....
....PROCYONIDAE, p. 231

FAMILY CANIDAE

Foxes

Zorros

Dog-like; feet, ears, and tail well developed; snout long; feet adapted for running (cursorial existence); generally nocturnal, but can be seen by day; generally omnivorous, with a strong tendency to consume small vertebrates and fruits; dental formula 3/3, 1/1, 4/4, 2/3 = 42.

Aspectos de perros; patas, orejas y cola bien desarrolladas; hocico alargado; patas adaptadas para correr; hábitos generalmente nocturnos pero pueden ocasionalmente ser vistos de día; alimentación omnívora, con una fuerte tendencia hacia los pequeños vertebrados y frutas; fórmula dental 3/3, 1/1, 4/4, 2/3 = 42.

Cerdocyon thous

Forest Fox—Zorro de Monte

Identification.—Head-body, 600–700; tail, 300; hind foot, 145; ear, 75; weight, 6–7 kgs; head and ears smaller than *Dusicyon* and snout shorter; coloration grayish bay with many black hairs, although this is quite variable and some individuals may show a reddish yellow color while others will almost appear totally black; dorsum with black band extending to the tip of tail; legs dark; feet black; hair relatively short. **Identificación.**—Cabeza y cuerpo, 600–700; cola, 300; pata posterior, 145; oreja, 75; peso, 6–7 kgs; cabeza y orejas mas pequeñas que *Dusicyon* y el hocico más corto; coloración bayo grisácea con pelos negros, variable en algunos individuos que presentan una coloración amarillento rojiza; dorso con una franja negra que termina en la punta de la cola; piernas oscuras; patas en su extremo terminal negras; pelo relativamente corto.

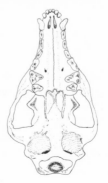
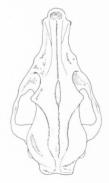

Habitat.—In deserts, chacoan thorn-scrub forests, subtropical forests, transitional forests, and moist forests; frequently encountered near streams and rivers. **Habitat.**—En montes, bosques chaqueños, bosque subtropical, bosque de transición y selva; frecuentemente encontrado cerca de cauces de agua.

Habits.—Food consists primarily of small vertebrates (birds, amphibians, lizards, and rodents) as well as fruit and insects; principally nocturnal, although occasionally seen during the day; in general occurs in pairs or as solitary individuals. **Hábitos.**—Se alimenta de pequeños vertebrados (pájaros, anfibios, lagartos y roedores) y también de frutas e insectos; principalmente nocturno, aunque puede verse de día; en parejas o solitario.

Commentary.—May be domesticated. Not highly prized for its fur because of the very short hair. Nevertheless, it is heavily hunted by people who consider it to be an economically detrimental species. **Comentarios.**—Es domesticable y poco apreciada por su piel, dado que el pelo es corto. Sin embargo, es perseguida por personas que la consideran perjudicial.

Dusicyon culpaeus

Andean Red Fox—Zorro Colorado

Identification.—Head-body, 600–1000; tail, 350–450; hind foot, 150–164; ear, 130; dorsal coloration very reddish with many protruding long, black hairs; ventrally whitish bay; tip of tail black; ears and legs reddish. **Identificación.**—Cabeza y cuerpo, 600–1000; pata posterior, 150–164; oreja, 130; cola, 350–450; coloración dorsal rojiza con pelos más largos de color negro que le dan un aspecto característico; ventralmente bayo blancuzco; extremo terminal de la cola de color negro; orejas y patas rojizas.

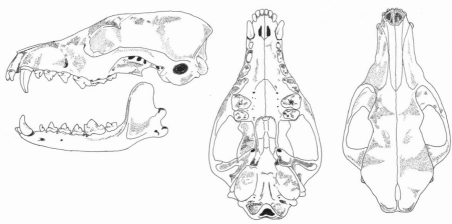

Habitat.—Steppes and open areas as well as mountainous habitats as high as 4500 meters. **Habitat.**—Estepas y áreas abiertas, pero también en áreas montañosas hasta 4500 metros.

Habits.—Principally nocturnal, although frequently seen during the day; lives in hollow trees, boulder piles, or in abandoned burrows of other animals, such as vizcachas; omnivorous (fruits, insects, amphibians, reptiles, birds, and small mammals).

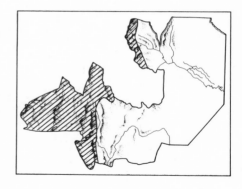

Hábitos.—Principalmente nocturno, aunque puede observarse de día con cierta frecuencia. Vive en huecos de árboles, en rocas, o utiliza cuevas de otros animales como la vizcacha; omnívoro (frutas, insectos, batracios, reptiles, aves y pequeños mamíferos).

Commentary.—Like almost all foxes, this species is heavily hunted by man. It is rapidly disappearing from Argentina. **Comentarios.**—Como casi todos los zorros, esta especie es fuertemente perseguida por el hombre. Está desapareciendo en Argentina por la cacería indiscriminada.

Dusicyon griseus

Argentine Gray Fox—Zorro Chico, Zorro Gris

Identification.—Head-body, 898; tail, 313; hind foot, 129; ear, 84; general dorsal coloration gray; ears light chestnut-colored like the legs; tail darker than the body; terminal portions of the tail, jaw, and anterior portion of the hind feet black; size small, much smaller than *D. culpaeus*. **Identificación.**—Cabeza y cuerpo, 898; cola, 313; pata posterior, 129; oreja, 84; coloración general del cuerpo gris; orejas castaño claro al igual que las patas; cola más oscura que el cuerpo; parte terminal de la cola, quijada y cara anterior de las patas posteriores de color negro; tamaño chico, mucho menor que el zorro colorado.

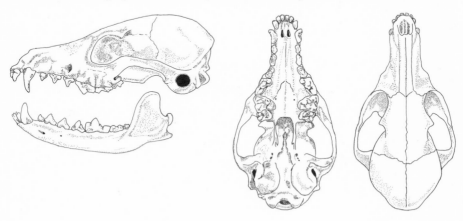

Habitat.—Occurs in the monte desert and various habitats in eastern Salta. **Habitat.**—Ocurre en la zona árida del monte y en el este de la provincia.

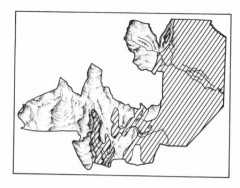

Habits.—Omnivorous, preferring small rodents and birds; also eats many insects; occasionally will attack domestic birds; many vegetable items such as fruits and seeds are also included in the diet; principally nocturnal, occasionally seen during the day; may feign death if bothered; uses burrows, hollow logs, or caves to rest and may also use abandoned burrows of vizcachas (*Lagostomus*) without disturbing the rodents within; may carry objects to its burrow. **Hábitos.**—Omnívoro, prefiriendo pequeños roedores y aves; en ocasiones suele atacar aves de corral; come muchos insectos; también incluye en su dieta materia vegetal como frutos silvestres; principalmente nocturno, pero se puede ver de día; cuando se siente observada suele hecharse simulando estar muerto; suele utilizar cuevas, huecos o aberturas en rocas para descansar, pero también cuevas de vizcachas, sin molestarle que estén habitadas; comúnmente lleva objetos extraños a sus cuevas.

Commentary.—Because of the high value of the fur, this species is in great demand and is under intense hunting pressure. It is in danger of disappearing from Argentina. The diminution of the number of foxes leads directly to an increase in the number of rodents and other animals that are very damaging to agriculture—as foxes disappear the damage done by other pest species becomes much greater due to the lack of their controlling predator. **Comentarios.**—Como su piel es muy cotizada, su demanda es grande y sufre una fuerte persecución. Su situación es grave y se encuentra en peligro de desaparecer. Su disminución en número permite la propagación inmediata de especies perjudiciales para la agricultura, y algunas que nunca llegaron a serlo, comienzan a crear problemas en los campos cultivados, como las perdices, por el gran aumento poblacional que tienen ante la ausencia de su predador natural.

Dusicyon gymnocercus
Pampa Fox—Zorro Pampa

Identification.—Head-body, 580–630; tail, 250–370; hind foot, 120; ear, 75; similar to *D. culpaeus* but smaller; general coloration ochraceous, becoming much darker in many cases due to the long, black hairs; top of head reddish, ventrum paler colored than dorsum, almost white; underside of neck yellowish white; axillary regions blackish. **Identificación.**—Cabeza y cuerpo, 580–630; cola, 250–370; pata posterior, 120; oreja, 75; similar al zorro colorado pero de menor tamaño y altura; coloración general ocracea, oscureciéndose en algunos casos por la presencia de largos pelos negros; parte dorsal de la cabeza rojiza, vientre más claro, casi blanco; mancha clara blanco amarillenta en el lado ventral del cuello; axilas con manchas oscuras casi negras.

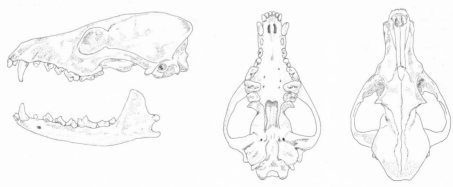

Habitat.—Savannas, shrublands, and forests. **Habitat.**—Sabanas, montes y bosques.

Habits.—Similar to *D. culpaeus*; omnivorous, primarily foraging on fruits, rodents and birds, and to a lesser extent, insects and reptiles. **Hábitos.**—Similar a *D. culpaeus*; se alimenta principalmente de frutos, roedores y aves, y con menor frecuencia insectos y reptiles.

Commentary.—One of the most hunted species of foxes found in Argentina. It is hunted for its fine pelt in the fur trade. **Comentarios.**—Uno de los zorros de Argentina más perseguidos por el hombre. Cazado principalmente por su piel fina que se usa en la industria peletera.

FAMILY PROCYONIDAE

Raccoon, Coati

Osito Lavador, Coatí

Size medium; plantigrade; snout elongated, especially in the coati; forelegs shorter than hind legs; tail with alternating light and dark rings; arboreal and terrestrial; omnivorous; dental formula 3/3, 1/1, 3/4, 2/2 = 38.

De tamaño mediano; plantígrados; hocico alargado, especialmente en el coatí; patas anteriores más cortas que las posteriores; cola anillada; arborícolas y terrícolas; alimentación omnívora; fórmula dental 3/3, 1/1, 3/4, 2/2 = 38.

Nasua nasua

Southern Coati—Coatí

Identification.—Head-body, 395; tail, 385; hind foot, 87.3; ear, 42.5; weight, 1400; body elongated, with snout long; upper mandible longer than the lower; tail long and banded with alternating dark and pale-colored bands; nose pointed and flexible; legs short; males larger than females. **Identificación.**—Cabeza y cuerpo, 395; cola, 385; pata posterior, 87.3; oreja, 42.5; peso, 1400; aspecto alargado, con el hocico saliente; mandíbula superior más larga que la inferior; cola larga y anillada con bandas alternadas claras y oscuras; nariz punteaguda y móvil; patas cortas; dimorfismo sexual con el macho más grande que la hembra.

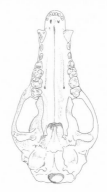
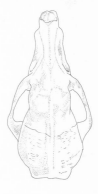

Habitat.—Forests and tall scrub areas, including the northern forests of the province and the transitional forests. **Habitat.**—Bosques y montes altos, incluyendo la selva del norte de la provincia y el bosque de transición.

Habits.—Forages on reptiles, amphibians, eggs, roots, and fruit; may be seen both in the evening and during the day, although its principal activity occurs during daylight hours; spends much time in trees; reproduces in summer; males compete for possession of female; three to five young per litter; gestation period 70 to 75 days. **Hábitos.**—Se alimenta de reptiles, batracios, huevos, raíces y frutos. Es tanto diurna como nocturna, pero su principal período de actividad es durante el dia; vive gran parte de su tiempo en árboles; celo invernal; machos luchan por la posesión de la hembra; tres a cinco crías por camada; período de gestación 70 a 75 días.

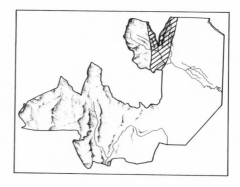

Commentary.—Travels with the tail lifted vertically. When in danger, it climbs into large trees. Hunted for its fur and meat. Easily domesticated and commonly used as a pet. Produces a sharp whistle. **Comentarios.**—Camina con la cola parada. Cuando se ve en peligro sube a los árboles grandes. Se los caza por la piel y la carne. Se amansa y se usa como mascota. Produce un sonido típico similar a un silbido agudo.

Procyon cancrivorus

Crab-eating Raccoon—Osito Lavador o Mayuato

Identification.—Head-body, 500–650; tail, 250–300; hind foot, 135–150; ear, 50–55; weight, 5–15 kgs; robust; tail long and banded with alternating bands of gray and black; hind feet larger than forefeet; head rather elongated and snout pointed; ears medium size; coloration dark gray with white spots on the face in the region of the eyes and snout giving a mask-like appearance.

Identificación.—Cabeza y cuerpo, 500–650; cola, 250–300; pata posterior, 135–150; oreja, 50–55; peso, 5–15 kgs; robusto; de cola larga y anillada con bandas alternadas de color gris y negro; patas posteriores de mayor tamaño que las anteriores; cabeza alargada y hocico punteagudo; orejas medianas; coloración gris oscura con manchas blancas en la cara sobre los ojos y hocico que le dan un aspecto de antifaz.

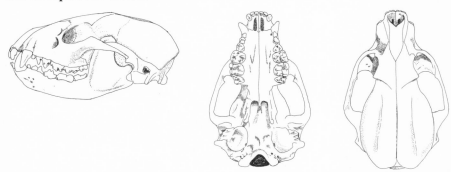

234

Habitat.—Forests; primarily near running water. **Habitat.**—Selvas; preferentemente cerca de cursos de agua.

Habits.—Nocturnal and crepuscular; good swimmer and climber; solitary; a wide ranging diet, although prefers aquatic organisms such as fish, mollusks, crustaceans, and amphibians; may also eat fruits and small terrestrial animals; seeks refuge primarily in hollow trees and in burrows and may also rest high in the

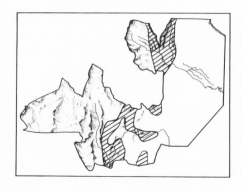

trees where the young are usually born; two to four young born per litter during the fall and winter. **Hábitos.**—Nocturno y crepuscular; buen nadador y trepador; solitario; su alimentación es variada, aunque prefiere alimentos de origen acuático como peces, moluscos, crustáceos y batracios; puede también consumir frutos y pequeños animales terrestres; se refugia principalmente en huecos y cuevas, aunque también puede hacerlo en lo alto de los árboles, donde generalmente tiene sus crías en número de dos a cuatro por camada durante los meses del otoño e invierno.

Commentary.—Its common name in Spanish refers to the fact that in captivity this animal frequently moistens its food in water before eating it. **Comentarios.**—Su nombre de osito lavador proviene de la observación de su comportamiento en cautiverio, donde moja su alimento en el agua antes de consumirlo, pero probablemente este tipo de acción no sea tán común en libertad.

FAMILY MUSTELIDAE

Weasels, Skunks, and Otters

Hurones, Zorrinos y Lobito de Río

Characterized by an elongated body with short legs; *Lutra* with webbed feet; head small relative to body size; digitigrade or plantigrade; dental formula variable (see Species Accounts); includes terrestrial, arboreal, and aquatic forms, often highly specialized; claws not retractile; anal glands that may be used in defense against predators or as a territory marker produce a strong odor in most species, especially skunks.

Los miembros de esta familia se caracterizan por la forma alargada del cuerpo con piernas cortas; *Lutra* tiene membranas interdigitales; cabeza pequeña; estructura de las patas, digitígradas o semiplantígradas; fórmula dental variable (ver en cada especie); incluye formas terrestres, arborícolas y acuáticas con especialización relativamente alta; garras no retráctiles, glándulas odoríferas productoras de almizcle bien desarrolladas en algunas especies, particularmente zorrinos, que utilizan tanto para la demarcación del territorio como para la defensa contra los predadores.

Conepatus chinga

Common Hog-nosed Skunk—Zorrino Común

Identification.—Head-body, 370; tail, 200; hind foot, 60; ear, 30; general coloration black, with broad white band extending from head to base of tail; some individuals with two white longitudinal bands separated by variable amount of black; tail black, mixed with white in some individuals, and entirely white in others. **Identificación.**—Cabeza y cuerpo, 370; cola, 200; pata posterior, 60; oreja, 30; coloración general negra, con una banda blanca ancha que va desde la cabeza hasta la base de la cola; algunos ejemplares con dos líneas separadas de ancho variable; cola negra, en algunos ejemplares mezclada con blanco y en otros totalmente blanca.

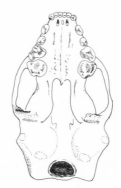
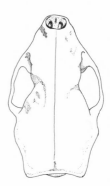

Habitat.—Arid habitats in the puna, chaco, and transitional forest. **Habitat.**—Ambientes áridos de la puna, chaco y bosque de transición.

Habits.—Crepuscular and nocturnal; insectivore-omnivore; generally solitary. **Hábitos.**—Crepuscular y nocturno; insectívoro-omnívoro; generalmente solitario.

Commentary.—The high-elevation form may be a distinct species. **Comentarios.**—Es probable que la forma de altura represente una especie diferente.

Eira barbara

Tayra—Hurón Mayor

Identification.—Head-body, 600–700; tail, 350–450; hind foot, 80–90; ear, 35–40; weight, 4–5 kgs; ears short; about the size of a medium-sized dog; hair short; color blackish with head and neck brownish, sometimes tending to a grizzled gray; white spot on the chest; head robust; neck long; tail with long hairs; dental formula 3/3, 1/1, 3/4, 1/1 = 34. **Identificación.**—Cabeza y cuerpo, 600–700; cola, 350–450; pata posterior, 80–90; oreja, 35–40; peso, 4–5 kgs; orejas cortas; tamaño aproximado al de un perro mediano; de pelo corto; negro, con la cabeza y cuello pardos, a veces pardo grisáceo o canosa; mancha clara en el pecho; cabeza robusta y cuello largo; cola con pelos largos; fórmula dental 3/3, 1/1, 3/4, 1/1 = 34.

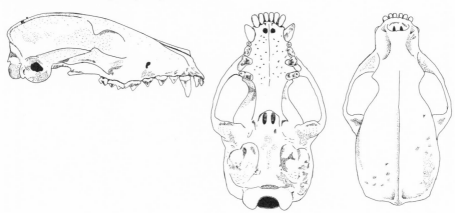

Habitat.—Frequents forested areas as high as 2000 meters. **Habitat.**—Frecuenta selvas y bosques hasta 2000 metros.

Habits.—Active both day and night; frequently seen in pairs in the moist forests of Salta; although a pair may not be apparent, when one individual is seen another is usually nearby; may also be seen as solitary individuals; principally a predatory carnivore, although it occasionally

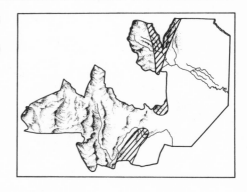

eats fruits; seeks refuge primarily in hollow trees; agile movements—climbs and jumps with great facility, may run up rock escarpments or may run from branch to branch in trees; may utilize short bounds when running or may leap for considerable distances. **Hábitos.**—Activo, tanto de día como de noche; frecuentemente ha sido observado en parejas en la zona selvática aunque la pareja no sea evidente; también puede encontrarse solitario; principalmente carnívoro predador, aunque puede también alimentarse de frutas; descansa principalmente en huecos de árboles; de movimientos ágiles, puede trepar y saltar con facilidad, inclusive superficies rocosas escarpadas, y de rama en rama en los árboles; los saltos pueden ser cortos a modo de trote o muy altos y largos.

Galictis cuja

Lesser Grison—Hurón Menor

Identification.—Head-body, 400–500; tail, 150–200; hind foot, 50; ear, 20; weight about 1000; similar to *Lyncodon* but larger; large black patch present from rostrum and eyes to neck, chest, and fore and hind legs; dorsum and flanks grayish or brownish with grizzled appearance; large white patch extending from forehead along neck to shoulders and separating the dark colors (the gray dorsum from the black anteroventral area); body long; neck long; legs short; dental formula 3/3, 1/1, 3/4, 1/1 = 34. **Identificación.**—Cabeza y cuerpo, 400–500; cola, 150–200; pata posterior, 50; oreja, 20; peso alrededor de 1000; similar al huroncito pero de mayor tamaño; una gran mancha negra ocupa toda la zona anteroventral desde el rostro por encima de los ojos, extendiéndose por el cuello, pecho y patas anteriores; dorso y flancos de color grisáceo o pardo de aspecto canoso; mancha blanca característica que va desde la frente y por el cuello hasta los hombros, esta mancha separa los dos colores dominantes, el gris dorsal del negro anteroventral; el aspecto general es alargado, con el cuerpo y cuello largos y las patas cortas; fórmula dental 3/3, 1/1, 3/4, 1/1 = 34.

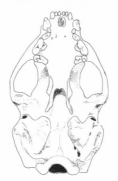

Habitat.—Mountains, savannas, and arid zones, as high as 4000 meters. **Habitat.**—Montes, sabanas y zonas arbustivas, hasta 4000 metros de altura.

Habits.—Primarily carnivorous, preferring birds and rodents; also eats reptiles, amphibians, insects, and fruits, although to a lesser degree; although it is not aquatic, it is frequently found near open water and also in habitats with little vegetation;

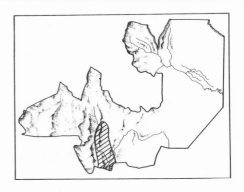

lives in hollow trees, crevices, boulder piles, and in burrows of other animals; good climber with agile movements; highly social, may be found in family groups, although may be solitary; commonly domesticated and used to kill rodents and other vermin in areas of human habitation. **Hábitos.**—Alimentación principalmente carnívora, preferentemente de aves y roedores; también puede alimentarse de reptiles, batracios, insectos y frutas, aunque en menor grado; aunque no es acuático, se los encuentra con frecuencia cerca de cursos de agua y también en campos abiertos; habita en huecos de la base de los árboles, en grietas y aberturas de rocas y cuevas de otros animales; trepa con facilidad y tiene movimientos ágiles; sociable, puede encontrarse en grupos familiares aunque también es solitario; es común en las poblaciones rurales encontrar especímenes domesticados que sus dueños utilizan para mantener sus viviendas limpias de roedores.

Commentary.—These animals play a very important role in the control of rodents that are damaging to cultivated areas and human habitations. **Comentarios.**—Desempeñan un importante papel en el control de especies de roedores perjudiciales a los cultivos.

Lutra longicaudis

Southern River Otter—Lobito de Río Común

Identification.—Head-body, 800; tail, 500; hind foot, 65; ear, 21; weight, 3–12 kgs; hair short and dense with two types of hairs predominating, inner hairs form a dense layer that is fine and velvety, and longer guard hairs form an exterior layer that is tough and stiff; body sleek and long; coloration dull chestnut or grayish, paler ventrally; tail broad at base, becoming narrower at tip; legs short and feet small, with membranes between digits; ears small; snout blunt with many long sensitive hairs; dental formula 3/3, 1/1, 4/3, 1/2 = 36.

Identificación.—Cabeza y cuerpo, 800; cola, 500; pata posterior, 65; oreja, 21; peso, 3–12 kgs; pelo corto y denso compuesto por dos tipos, una capa exterior larga y dura y una interior suave, fina y aterciopelada; cuerpo esbelto y alargado; de coloración pardo castaña o grisáceo, más claro en la zona ventral; cola muy ancha en la base, afinándose hacia el extremo; patas cortas con membranas interdigitales; orejas pequeñas; hocico achatado y con pelos sensitivos largos; fórmula dental 3/3, 1/1, 4/3, 1/2 = 36.

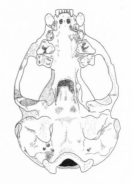

Habitat.—Always near water, whether lagoons, rivers, swamps, or other similar habitats. **Habitat.**—En la cercanía del agua, esteros, lagunas y ríos.

Habits.—Semiaquatic, excellent swimmer and diver; rests in fissures in rocks near water or in burrows under large trees; occasionally constructs burrows in the dirt embankments along rivers; feeds on fish, frogs, aquatic birds, and crustaceans;

lives in family groups except during the breeding season, when males will compete for females and males remain separate. **Hábitos.**—Semiacuático, excelente nadador y zambullidor; sus madrigueras son generalmente cuevas en las rocas cerca del agua o cavidades entre las raíces de árboles grandes; también puede hacer aberturas en las paredes de tierra que bordean los ríos o fuentes de agua en las que habitan; se alimentan de peces, ranas, aves acuáticas y crustáceos; vive en grupos familiares excepto en la época de celo en que los machos pelean por las hembras y se mantienen separados.

Commentary.—The great value of the fine fur of this animal has caused the species to be brought to the verge of extinction. Indiscriminate hunting and the lack of research in raising the species in captivity, even though it is easily domesticated, make it imperative that conservation efforts be begun as soon as possible. **Comentarios.**—El gran valor de su piel ha llevado a esta especie al borde de la extinción. La caza indiscriminada y el poco desarrollo de técnicas modernas y positivas de cría en cautividad, a pesar de lo domesticable y apto de esta especie para esos fines, hace que debamos encarar su urgente protección.

Lyncodon patagonicus
Patagonian Weasel—Huroncito

Identification.—Head-body, 280–400; tail, 70–115; hind foot, 35–43; ear, 15; weight, 225; ears short; general coloration whitish with darker tones of black to dark brown; characterized by a broad white or yellowish band extending from top of head along back and sides to shoulders; posterior part of head has darker black spot; legs, underside of chest, and neck regions black, while the rest of the ventrum is lighter colored, grayish or brownish; body form long and legs short; dental formula 3/3, 1/1, 2/2, 1/1 = 28. **Identificación.**—Cabeza y cuerpo, 280–400; cola, 70–115; pata posterior, 35–43; oreja, 15; peso, 225; orejas cortas; coloración general blancuzca con tonalidades oscuras, negra o marrón; es característica una ancha franja blanca o amarillenta que se extiende desde el dorso de la cabeza hacia los lados por las mejillas hasta los hombros; parte dorso-posterior de la cabeza con una mancha marrón o negra; de igual color son las patas y la zona anteroventral desde la quijada hasta el pecho, mientras el resto del vientre es más claro, gris o marrón; la forma del cuerpo es muy alargada y las patas cortas; fórmula dental 3/3, 1/1, 2/2, 1/1 = 28.

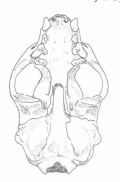

Habitat.—Dry shrublands as high as 2000 meters. **Habitat.**—Zonas arbustivas áridas hasta 2000 metros de altura.

Habits.—Poorly known; may be seen both day and night; its natural foods are not known, although it is assumed to be highly predatory; in captivity it readily eats rodents and other animal matter. **Hábitos.**—Poco conocidos; se observa tanto de día como de noche; su alimentación natu-

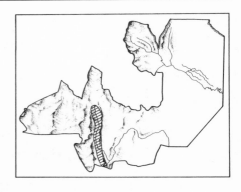

ral es desconocida aunque algunos animales en cautividad comen roedores.

FAMILY FELIDAE

Cats

Gatos

Digitigrade; five toes on hind feet, four on forefeet; claws retractile; size small (*F. tigrina*) to large (*F. onca*); coloration variable, with some species largely unicolored and others with spots and other markings; ears well developed and triangular; tail variable in length; tail coloration may vary from a solid color to banded or spotted; most pronounced reduction of teeth among carnivores; principally carnivorous, including large and small vertebrates; principally nocturnal, although occasionally may hunt by day; highly adapted to leap on prey after lying in wait; good climber; dental formula 3/3, 1/1, 3/2, 1/1 = 30.

Digitígrados, cinco dedos en las extremidades anteriores y cuatro en las posteriores; garras con uñas retráctiles; tamaño pequeño (*F. tigrina*) a grande (*F. onca*); coloración variable con algunas formas lisas y otras con manchas; orejas generalmente bien desarrolladas y de aspecto triangular; cola variable en su longitud y coloración, lisa, con manchas, o con anillos; esta familia muestra la mayor reducción de la dentición de todos los carnívoros; alimentación carnívora, principalmente de pequeños vertebrados, como aves y pequeños mamíferos en las formas chicas y de mamíferos mayores, como corzuelas y chanchos, en las formas grandes; la mayoría son nocturnas, pudiendo algunas especies ser ocasionalmente observadas de día; gran adaptación al salto y hábiles trepadores; fórmula dental 3/3, 1/1, 3/2, 1/1 = 30.

Felis colocolo

Pampas Cat—Gato de los Pajonales

Identification.—Head-body, 500–650; tail, 250–300; hind foot, 120–130; ear, 45–50; generally very long-haired, with dorsal hairs long and giving the appearance of a mane that is darker and more evident when the animal bristles; fur with long patches of darker and paler fur on the side that tend to unite and give the animal the appearance of having longitudinal bands; two dark parallel bands are present on each cheek extending from the side of the eye; legs with dark, well-defined transverse bands; tail with well-marked bands, usually seven; chest and belly whitish, with irregular transverse, faded dark bands; top of head brownish with some olivaceous color; general color variable, grayish bay with patches of cinnamon brown. **Identificación.**—Cabeza y cuerpo, 500–650; cola, 250–300; pata posterior, 120–130; oreja, 45–50; generalmente muy peludo, siendo los pelos del dorso de mayor longitud, dándole un aspecto de crín más oscura y evidente cuando se eriza; el pelaje tiene manchas alargadas en los costados que tienden a unirse y darle un aspecto de líneas o bandas longitudinales; en cada mejilla tiene dos bandas paralelas oscuras que salen de los lados de los ojos; los miembros anteriores y posteriores tienen bandas transversales oscuras bien definidas y la cola con anillos no muy bien marcados y poco numerosos, generalmente en número de siete; pecho y vientre claros, con manchas transversales negras irregulares y desdibujadas; parte superior de la cabeza parda con un toque oliváceo; su color en general es muy variable, bayo grisáceo con las manchas y bandas de color pardo o pardo canela.

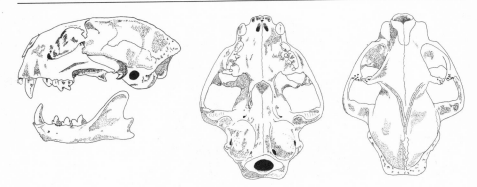

Habitat.—Grasslands and open shrublands in mountainous areas as high as 3500 meters. **Habitat.**—Pajonales y terrenos abiertos arbustivos, en áreas montañosas hasta por lo menos 3500 metros.

Habits.—Poorly known; forages primarily on rodents and birds. **Hábitos.**—Poco conocidos; se alimenta principalmente de roedores y aves.

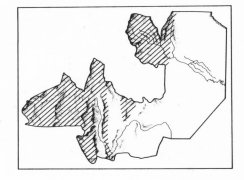

Felis concolor

Mountain Lion—Puma, León Americano

Identification.—Head-body, 1100; tail, 550–750; hind foot, 240–250; weight, 35–100 kgs; head small relative to body; tail long; general coloration yellowish brown to reddish brown, some color phases more yellowish, others grayish; coloration paler on the sides and whitish on the belly; young are spotted and have a tail with dark rings, but these spots and rings disappear as the animals grow; second-largest cat in South America (the jaguar is larger); overall appearance is of strong musculature, sleekness, and agility. **Identificación.**— Cabeza y cuerpo, 1100; cola, 550–750; pata posterior, 240–250; peso, 35–100 kgs; cabeza pequeña; cola larga; coloración general rojizo amarillenta; otras fases marrón amarillenta o grisácea, más pálida hacia los lados hasta blanco en el vientre; los jóvenes son manchados y con la cola anillada, lo que va desapareciendo a medida que se desarrollan y crecen; es el felino de mayor tamaño después del jaguar; su aspecto es fuerte y musculoso, esbelto y ágil.

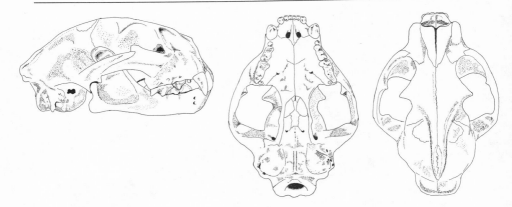

Habitat.—Savannas, deserts, scrublands, and forests; very common in rocky areas of the Andean and pre-Andean chains up to 4000 meters. **Habitat.**—Sabanas, montes y bosques; muy comúnes en los cerros y áreas rocosas hasta 4000 metros.

Habits.—Moves with great agility and elastic movements; capable of long jumps among trees or boulders; forages on rodents, armadillos, deer, and peccaries; occasionally will attack

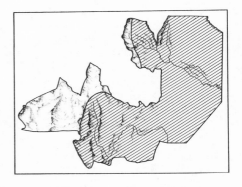

domestic animals, but this occurs primarily in areas where natural prey have been eliminated due to hunting activities and habitat destruction; few natural enemies besides human beings; females do not reproduce until three years old; gestation period 90 to 96 days. **Hábitos.**—De movimientos ágiles y elásticos, capaz de grandes saltos en árboles y rocas; se alimenta de grandes roedores, quirquinchos, corzuelas y chanchos del monte; ocasionalmente pueden atacar animales domésticos, pero esto ocurre principalmente en áreas alteradas donde las posibilidades de alimentarse de especies silvestres ha disminuido como consecuencia de la destrucción de los ambientes por parte del hombre; tiene pocos enemigos excepto el hombre; las hembras no se reproducen hasta los tres años de edad; período de gestación 90 a 96 días.

Felis geoffroyi

Geoffroy's Cat—Gato Montés

Identification.—Head-body, 600–670; tail, 270–300; hind foot, 100–110; ear, 50–65; general coloration pale bay, becoming more intense on dorsum and whitish to creamy on ventrum; mouth and eyes also outlined in cream color; a basal color of many small black spots 15–20 mm in diameter is visible over most of body, tending to form bands on legs; outer surface of ears black with a central white spot; tail with 12–16 well-defined black rings. **Identificación.**— Cabeza y cuerpo, 600–670; cola, 270–300; pata posterior, 100–110; oreja, 50–65; coloración general bayo claro, más intenso en el dorso, y entre blanco y crema en la zona ventral, contorno de los ojos y de la boca; sobre la coloración de fondo se destacan numerosas pequeñas manchas negras de entre 15 y 20 mm de diámetro, estas manchas tienden a formar bandas en las extremidades; orejas por fuera de color negro, con una mancha central blanca; cola con 12 a 16 anillos negros bien marcados.

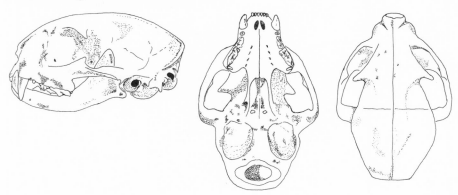

Habitat.—Savannas, deserts, and forests. **Habitat.**—Sabanas, montes y bosques.

Habits.—Good climber; feeds principally on small rodents such as cavies and cricetines; two to three young per litter per year. **Hábitos.**— Trepador; se alimenta principalmente de pequeños roedores como cuíses y ratones; dos a tres crías por camada por año.

Commentary.—Heavily hunted for its pelt; endangered in parts of its range; should be protected. **Comentarios.**— Muy perseguido por su piel; en peligro en varias regiones; deben ser protegidos.

Felis onca

Jaguar—Jaguar, Yaguareté, Tigre Americano

Identification.—Head-body, 1700–1800; tail, 700–800; weight of adults usually more than 100 kgs; largest cat in South America; head very broad; general coloration reddish yellow with typical spots in the form of rosettes with black centers occurring over most of the body; the spots on the inner portions of the leg, the head, and the belly do not form rosettes; ventral coloration white including the underside of the neck and jaw; a melanistic phase is not uncommon and is popularly termed a panther. **Identificación.**— Cabeza y cuerpo, 1700–1800; cola, 700–800; peso en los adultos por lo general más de 100 kgs; el mayor félido de Sudamérica; cabeza muy robusta; coloración general rojizo amarillenta con típicas manchas en forma de roseta con puntos negros en el centro; las manchas de las patas (parte inferior), cabeza y vientre no forman rosetas; coloración ventral blanca, inclusive el cuello y la quijada; existe una fase melánica vulgarmente denominada pantera.

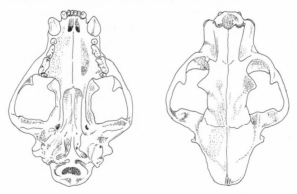

Habitat.—Forested areas (including the chaco), but especially very moist and dense forests. **Habitat.**—Bosques (inclusive el chaqueño) y selvas tupidas.

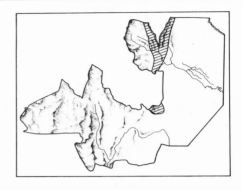

Habits.—Home range very large year round; good swimmer, readily crosses bodies of water; forages primarily on large mammals such as tapirs, peccaries, deer, giant armadillos, and anteaters; generally avoids man, but occasionally may approach humans, perhaps out of curiosity; at times will attack humans; two to four young born per litter and given parental care for a year; varied sounds are produced, including grunts, growls, and loud roars; generally emits a series of four or five roars that diminish in volume, repeating the series after several minutes; dens located in rock piles, caves, and other protected areas; generally hunts on the forest floor, but climbs readily and may also hunt in trees; less of a climber than the puma; generally solitary except during the period of breeding or when caring for the young, when pair bonds are maintained. **Hábitos.**—Area de acción muy amplia; buen nadador; se alimenta principalmente de mamíferos de gran talla como pecaríes y corzuelas y también de edentados de gran tamaño como tatúes y osos meleros; por lo general evita acercarse a lugares donde se encuentra el hombre, pero ocasionalmente suele hacerlo, quizás por curiosidad; las hembras dan a luz de dos a cuatro crías por camada, a las que cuidan hasta pasado el primer año de vida; sus sonidos son muy variables, desde gruñidos a rugidos muy sonoros; generalmente suele emitir una serie de cuatro o cinco rugidos acompasados que van disminuyendo de volúmen dejando pasar unos minutos para repetir esa escala; sus refugios se encuentran en huecos, cuevas, y rocas; generalmente caza en el suelo, pero puede hacerlo también en los árboles a los que trepa con facilidad; menos trepador que el puma; generalmente solitario excepto cuando forma pareja para reproducir y durante la cría de su descendencia.

Commentary—Once widely distributed throughout northern Argentina, this species has practically been extirpated. **Commentario.**—Originalmente de distribución amplia en el noroeste argentino; actualmente su distribución es restringida y sus números reducidos.

Felis tigrina

Little Spotted Cat—Gato Tigre, Chiví

Identification.—Head-body, 500–550; tail, 250–280; hind foot, 100–110; ear, 45–50; weight, 1.75–2.75 kgs; coloration reddish bay, becoming more intense on dorsum and on top of head; two well-marked dark bands extend from forehead to between the eyes; another line extends from the corner of the eyes along side of head; outer surface of ears black with a central white spot; spots on tail tend to form transverse bands numbering 10 to 12 and forming complete rings only on the terminal one-third of tail; the mid-dorsal bands of the body are interrupted—these lines tend to form rosettes with their center coloration being dark fulvous; belly spotted; legs reddish yellow with smaller spots that become progessively smaller toward the toes. **Identificación.**—Cabeza y cuerpo, 500–550; cola, 250–280; pata posterior, 100–110; oreja, 45–50; peso, 1.75–2.75 kgs; coloración general bayo rojizo más intenso en el dorso y partes superiores de la cabeza; dos líneas gruesas bien marcadas suben por la frente por encima de los ojos; desde la comisura de los ojos sale también una línea hacia atrás a cada lado de la cabeza; orejas negras exteriormente con una mancha blanca; las manchas de la cola tienden a formar fajas transversales en número de 10 a 12, siendo completas (anillos) sólo en la mitad o tercio terminal; líneas mediodorsales interrumpidas; lateralmente las líneas tienden a formar rosetas con el centro de una coloración rojizo oscuro; vientre manchado; patas de coloración rojizo amarillento y con manchas que se hacen más pequeñas distalmente, hasta desaparecer en los dedos.

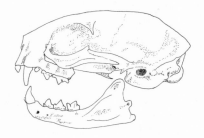
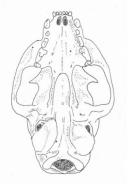

Habitat.—Forests. **Habitat.**—
Bosques.

Habits.—Arboreal; forages on
birds and small mammals; lives in
caves and hollow trees; two to three
young born per year; one litter per
year. **Hábitos.**—Arborícola; se alimenta de aves y pequeños mamíferos;
habita cuevas y huecos de árboles;
dos a tres crías por año; una camada
por año.

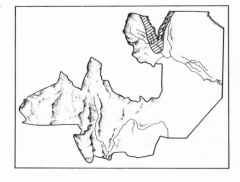

Felis wiedii

Margay—Gato Pintado

Identification.—Head-body, 550–650; tail, 350–400; hind foot, 123; ear, 55; general coloration reddish bay or dark grayish brown, becoming paler along sides and whitish underneath; characteristic ocellated spots are present on sides, with the black outer portion encircling a brownish center; ears black externally with a white spot along lower border; black spots on dorsum unite to give appearance of longitudinal lines; legs and underparts have spots that are entirely black; tail has wide black bands on dorsal part that do not unite to form rings; long hair on top of neck and at withers often has a whorled appearance. **Identificación.**—Cabeza y cuerpo, 550–650; cola, 350–400; pata posterior, 123; oreja, 55; coloración general bayo rojiza o gris pardusco, haciéndose más pálido hacia los costados y blanco en el vientre; tiene manchas oceladas características a los lados, estas manchas son de color negro con el centro pardo y con tonalidades más oscura desde el centro hacia los bordes; las orejas son negras por el lado externo con una mancha blanca en el borde inferior; en el dorso las manchas son negras y llenas, confiriéndole un aspecto de líneas longitudinales; las patas y las zonas inferiores tienen manchas totalmente negras; cola con bandas negras, anchas en el lado dorsal, que no llegan a unirse para formar anillos; el pelo forma un remolino en el lado dorsal del cuello a la altura de la cruz.

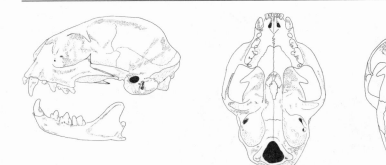

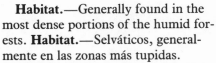

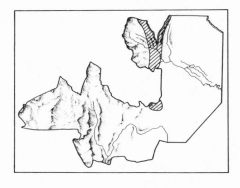

Habitat.—Generally found in the most dense portions of the humid forests. **Habitat.**—Selváticos, generalmente en las zonas más tupidas.

Habits.—Nocturnal, rarely seen during the day; seeks refuge in hollow trees, boulder piles, or in branches of trees; forages on small mammals and birds; two to four young born at a time. **Hábitos.**—Nocturna, rara vez se observa de día; se proteje en huecos de árboles y rocas o en las ramas, a las que trepa con gran facilidad; se alimenta de pequeños mamíferos y aves; las hembras dan a luz de dos a cuatro crías por parto.

Felis yagouaroundi

Jaguarundi—Gato Eira, Moro

Identification.—Head-body, 600; tail, 400; hind foot, 50; ear, 40; weight, 4.5–9.0 kgs; body elongated; head small and flat; ears small and rounded; tail long; general coloration brownish gray, sometimes reddish, lacking spots; very dark or entirely black individuals are seen frequently. **Identificación.**—Cabeza y cuerpo, 600; cola, 400; pata posterior, 50; oreja, 40; peso, 4.5–9.0 kgs; cuerpo alargado; cabeza pequeña y chata; orejas chicas y redondeadas; cola larga; coloración general pardo grisácea, a veces muy rojiza, carece de manchas; con frecuencia pueden encontrarse ejemplares negros o muy oscuros.

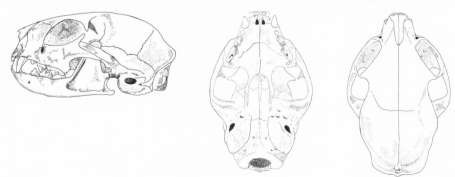

Habitat.—Grasslands, shrublands, and forests. **Habitat.**—Sabanas, montes y selvas.

Habits.—Primarily diurnal, although frequently seen at night; call sounds similar to a whistle; very good climber, spending a good part of its time in trees; diet varied, includes rats and mice, rabbits, birds, squirrels, and small monkeys; gestation period long, about nine months. **Hábitos.**—Principalmente diurno, aunque con cierta frecuencia puede observarse durante la noche o escucharse sus gritos similares a un silbido; hábil trepador, pasa gran parte de su tiempo sobre los árboles donde se refugia; su alimentación es muy variada pudiendo hacerlo de ratas y ratones, conejos, aves, ardillas y pequeños monos; su período de gestación es largo, llega a los nueve meses.

ORDER PERISSODACTYLA

Horses and Tapirs

Uneven number of toes, generally three on hind feet and three or four on forefeet (in horses only one is functional); hooves; herbivorous; simple stomach; represented by a single native family in Salta.

Caballos y Tapires

Número impar de dedos, por lo general tres en los pies y tres o cuatro en las manos (en los caballos sólo uno es funcional); pezuñas; herbívoros; estómago simple; representada por una sola familia nativa en Salta.

FAMILY TAPIRIDAE

Tapirs

Size large and robust; legs short; fleshy trunk; nasal bones short and free; orbital and temporal fossae united; dental formula 3/3, 1/1, 4/4, 3/3 = 44.

Tapires

Tamaño grande y robusto; miembros cortos; trompa carnosa; hueso nasal corto y libre; fosa orbital y temporal unidas; fórmula dental 3/3, 1/1, 4/4, 3/3 = 44.

Tapirus terrestris

Brazilian Tapir—Anta

Identification.—Head-body, 2000; tail, 100; ear, 140; height at shoulder, 770–1100; weight, 260 kgs; largest and most robust wild mammal in Argentina; coloration brownish to grayish; pelage short; a type of mane extends behind the head; rostrum elongated with fleshy trunk; legs short in relation to body; forefeet with four toes, hind feet with three; feet adapted for movements on soft substrates; skin thick with fleshy folds; young with white lines and spots until the age of eight months. **Identificación.**—Cabeza y cuerpo, 2000; cola, 100; oreja, 140; altura, 770–1100; peso, 260 kgs; el mamífero silvestre más grande y robusto de la región; coloración pardo a grisácea y pelaje corto; una especie de crín se extiende por detrás de su cabeza; rostro prolongado en una trompa carnosa; miembros cortos en relación al cuerpo; los anteriores con 4 dedos y lós posteriores con tres; las patas están adaptadas para desplazarse sobre terrenos blandos; piel gruesa con pliegues carnosos; los jóvenes con líneas y manchas claras hasta los ocho meses.

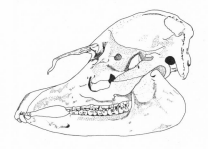
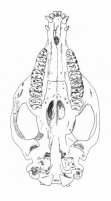
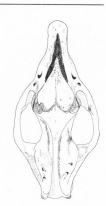

Habitat.—Rivers and gullies in humid forests, in areas of swamps and mesic vegetation and grasslands; generally associated with bodies of water such as rivers, lagoons, and swamps; found in forests in areas that are flooded; may be found up to 2000 meters elevation. **Habitat.**—Quebradas y zanjones de bosques húmedos, en áreas de bañados y vegetación herbacea de sabanas; generalmente asociado a cuerpos de agua, ríos, lagunas y zonas pantanosas; ocurren en la selva y en bosques con áreas inundables, hasta los 2000 metros.

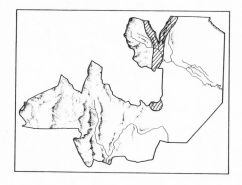

Habits.—Nocturnal; diet consists principally of buds, fruits, and leaves; solitary (or in pairs?); communication is by a whistle or high tone; gestation period between 392 and 405 days, with generally one young being born in a litter; one pair of mammae; trails formed between resting sites and foraging areas. **Hábitos.**—Nocturno; su alimentación consiste principalmente en brotes, frutos y hojas; solitario (o en parejas?); se comunica mediante un silbido de tono alto; período de gestación entre 392 y 405 días con una cría por camada por lo general; un par de mamas; generalmente deja rutas o senderos marcados entre los sitios de descanso y alimentación.

Commentary.—This species is endangered in various portions of South America. In the province of Tucumán, it has not been found for more than 50 years. Uncontrolled sport hunting and the elimination of its forested habitats are the principal causes for its disappearance. Many aspects of its biology remain unknown, especially its social behavior and general ecology. **Comen-**

tarios.—Especie en peligro en distintos paises de Sudamérica. En la provincia de Tucumán ha desaparecido hace algo más de 50 años. La caza deportiva sin límite y reducción de áreas selváticas se cuentan entre las principales causas. Diferentes aspectos de su biología permanecen aún desconocidos, especialmente su comportamiento social y ecología.

ORDER ARTIODACTYLA

Deer, Peccaries, Cattle, Vicuñas

Ciervos, Chanchos, Vacas, Vicuñas

Even number of toes, generally two or four (except for some peccaries); antlers or horns in some families; hooves present; simple stomach or complex stomach composed of three to four chambers; generally herbivorous.

Número par de dedos, por lo general dos o cuatro en los pies (excepto algunos pecaríes); astas y cuernos en algunas familias; pezuñas presentes; estómago simple o compuesto por tres a cuatro cámaras; generalmente herbívoros.

KEY TO THE FAMILIES OF ARTIODACTYLS

CLAVE A LAS FAMILIAS DE ARTIODACTILOS

1 Postorbital bar absent, or if present, incomplete; 2 or 3 pairs of upper incisors generally present; incisors 2/3; molariforms bunodont; upper and lower canines present; canines straight, not projecting laterally; cranial sutures not evident in adults. Barra posorbital ausente, o si presente, incompleta; incisivos superiores presentes, generalmente 2 o 3 pares; incisivos 2/3; molariformes bunodontes; caninos superiores e inferiores presentes; caninos rectos y no muy curvados hacia afuera; suturas craneales ausentes en adultos ....TAYASSUIDAE, p. 266

1′ Postorbital bar complete; upper incisors absent or only one pair present; lower canines always present, uppers may be absent; molariform teeth selenodont. Barra posorbital completa; incisivos superiores ausentes, o solamente un par presente; caninos inferiores siempre presentes, los superiores pueden faltar; molariformes solenodontes 2

2 One pair of upper incisors caniniform. Un solo par de incisivos superiores de aspecto caniniforme..........................CAMELIDAE, p. 281

2′ Upper incisors absent; lacrimal foramen double; a bony support for deciduous antlers present in some. Incisivos superiores ausentes; foramen lacrimal doble; ornamentación de la cabeza, cuando está presente, consiste en un núcleo óseo permanente, con envolturas deciduas o astas deciduas...CERVIDAE, p. 272

FAMILY TAYASSUIDAE

Peccaries

Pecaríes

Unequal number of toes on the feet (three), except in the Chacoan peccary (where two toes are present); canine teeth well developed, in the form of tusks; snout long and fleshy; gregarious; omnivorous; stomach composed of three chambers; molars square; sagittal crest present; postorbital bar incomplete; dental formula 2/3, 1/1, 3/3, 3/3 = 38.

Número impar de dedos en los pies (tres), excepto el chancho quimilero (dos); dientes caninos bien desarrollados, en forma de colmillos; hocico alargado y carnoso; gregarios; omnívoros; estómago de tres cámaras; molares de forma cuadrada; cresta sagital presente; barra posorbital incompleta; fórmula dental 2/3, 1/1, 3/3, 3/3 = 38.

Catagonus wagneri

Chacoan Peccary—Chancho Quimilero

Identification.—Head-body, 910–1100; tail, 70–102; hind foot, 215–238; ear, 115–124; height at shoulder, 400–690; weight, 37 kgs; similar to white-lipped peccary, but legs longer and thinner; unlike other peccaries, lacks lateral hooves on hindfeet; anterior portion of rostrum with smooth bump caused by curved frontal bones; ears long, which help give it its common name of curé-buró in Paraguay; coloration varies from dark brown to gray; a diffuse pale-colored band extends on sides of neck (not as well marked as in collared peccary) and along anterior portions of dorsum; longer pelage than other peccaries. **Identificación.**—Cabeza y cuerpo, 910–1100; cola, 70–102; pata posterior, 215–238; oreja, 115–124; altura, 400–690; peso, 37 kgs; similar al pecarí labiado pero de miembros más delgados y estilizados; a diferencia de las otras especies carece de uñas laterales en sus miembros posteriores; la porción anterior del rostro presenta una suave prominencia de sus huesos frontales; de largas orejas, de donde recibe el nombre de curé-buró en Paraguay; su coloración general va desde un marrón oscuro a grisáceo; una banda difusa clara se extiende a los lados del cuello y región dorsal anterior (no tan marcada como en el pecarí de collar); de pelaje más largo.

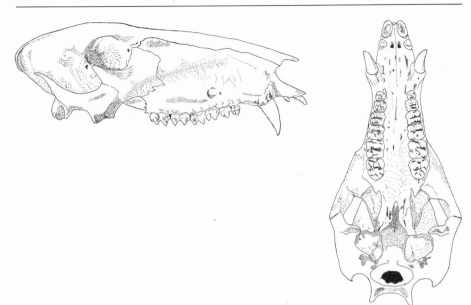

Habitat.—Xeric shrublands; the presence of specially developed infra-orbital sinuses appears to be an adaptation to dusty habitats such as those found in the chacoan plains during long periods of the year. **Habitat.**— Ambientes arbustivos xerófilos; la presencia de senos infraorbitales desarrollados parecería indicar una adaptación a terrenos polvorientos, como es la gran extensión chaqueña durante los períodos de sequía.

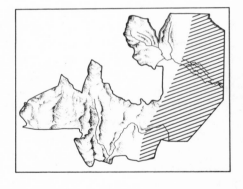

Habits.—Poorly known, given its recent discovery in Paraguay; has only been studied in Paraguay; active in the evening and at dawn, especially during the rainy season; usually occurs in pairs or in very small groups; a major food source is the cactus called quimil (*Opuntia quimilo*), which provides nutrients and water and gives the animal its common name in Argentina; emits a sound similar to "hu-hu"; in Argentina known only in the provinces of Salta, Chaco and Santiago del Estero. **Hábitos.**—Prácticamente desconocidos dado el reciente hallazgo de esta especie en Paraguay; activos durante las horas de la noche y amanecer, especialmente luego de las lluvias estivales; en grupos, de unos pocos o par de individuos; uno de sus alimentos lo constituye el quimil (*Opuntia quimilo*) de donde extrae su líquido, lo que le da el nombre de quimi-

lero en Argentina; emiten un sonido semejante a "hu-hu"; conocido en Argentina solamente en las provincias de Salta, Chaco y Santiago del Estero.

Commentary.—The Chacoan peccary was considered a fossil until the mid-1970's, when it was found to be living in the Chaco of Paraguay. Continued hunting pressures and the increased colonization of the chacoan region are leading to a reduction in population density and in area of occurrence. It is important that a management plan be instituted on this species before the "living fossil" actually goes extinct. **Comentarios.**—El chancho quimilero fué considerado fósil hasta 1974, cuando aparecieron las primeras evidencias de su presencia en el chaco de Paraguay. La caza continuada de esta especie y los planes de colonización que día a día reducen y alteran su área de dispersión, compromete a los distintos organismos e instituciones relacionadas con los recursos naturales a ofrecer alternativas que aseguren la supervivencia de este "fósil viviente."

Tayassu tajacu

Collared Peccary—Pecarí de Collar

Identification.—Head-body, 800–1000; tail, 15–55; hind foot, 162–263; ear, 82; height at shoulder, 400; weight, 24 kgs; pelage bristly with speckled blackish gray coloration; band of pale-colored hairs encircles neck (in the chacoan peccary this band is more diffuse and extends onto dorsum); four toes on forefeet, three on hind feet; lateral hooves present (absent in the hind feet of the chacoan peccary); canines in form of tusks; smallest species of peccary, having a robust and short-legged appearance. **Identificación.**—Cabeza y cuerpo, 800–1000; cola, 15–55; pata posterior, 162–263; oreja, 82; altura, 400; peso, 24 kgs; pelaje como cerdas de color grisáceo a negruzco, de aspecto jaspeado; una banda de pelaje claro se extiende alrededor de su cuello (en el chancho quimilero esta banda es más difusa y extendida en la región dorsal); cuatro dedos anteriores y tres posteriores; pezuñas laterales presentes (ausentes en los miembros posteriores del chancho quimilero); caninos en forma de colmillos; es el más pequeño de las tres formas que existen, de aspecto robusto y miembros cortos.

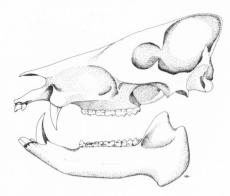

Habitat.—The plains of the chaco in dense thorn-scrub vegetation, hillsides in the moist forest and transitional forest. **Habitat.**—Llanura chaqueña de vegetación arbustiva densa, faldeos de bosques húmedos y en el bosque de transición.

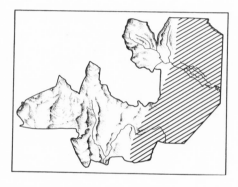

Habits.—Nocturnal; also seen early in the morning and in the early evening; very active during the rainy season; omnivorous; forages primarily on roots, fruits, invertebrates, carrion; occurs in small groups of individuals of both sexes (generally about ten animals); home range of such groups is generally exclusive of other groups during the rainy season; during the dry season, diverse groups come together and separate constantly; gestation period from 112 to 116 days; two young born per litter; females appear to be dominant over males, although there does not appear to be a clear leader in a group. **Hábitos.**—Nocturno; también se ve en las primeras horas de la mañana y al crepúsculo; muy activo en la época de lluvias; omnívoro; se alimenta de raices, frutos del suelo, invertebrados y carroña; en pequeños grupos mixtos, por lo general de 10 individuos; el área de acción de estos grupos es prácticamente exclusiva durante la época de lluvias; en los meses de sequía, se fusionan y dividen constantemente; período de gestación de 112 a 116 días; dos crías por camada; las hembras parecen ser dominantes sobre los machos, aunque no existe un claro liderazgo sobre el grupo.

Commentary.—This species is heavily hunted for food. Sport and commercial hunters also organize large hunting parties to the chacoan region in search of these animals. Uncontrolled commercialization of the hides, and a great reduction in the forested regions of the arid portions of Argentina, are leading to a rapid reduction in the number of individuals that remain in the wild. **Comen-**

tarios.—Es una de las especies más buscadas por los pobladores como alimento. Así también por parte de los cazadores, quienes organizan grandes raides en la zona chaqueña. La comercialización descontrolada de sus cueros y reducción del parque arbustivo deben ser tenidos en cuenta a modo de crear una reglamentación adecuada que asegure la continuidad de esta especie.

FAMILY CERVIDAE

Deer

Taruca, Ciervos y Corzuelas

Males with simple or branched antlers; legs thin and delicate; gregarious; herbivorous; ruminants, possessing stomach with four chambers; upper incisors and canines absent; sagittal crest absent; anterior portion of orbit fenestrated; postorbital bar present; dental formula 0/3, 0/1, 3/3, 3/3 = 32.

Machos con astas simples o ramificadas; extremidades delgadas; gregarios; herbívoros; rumiantes, estómago de cuatro cámaras; incisivos y caninos superiores ausentes; cresta sagital ausente; parte anterior de la órbita craneal fenestrada; barra posorbital presente; fórmula dental 0/3, 0/1, 3/3, 3/3 = 32.

Blastoceros dichotomus

Marsh Deer—Ciervo de los Pantanos

Identification.—Head-body, 1800–1950; tail, 100–150; height at shoulders, 1100; antlers, approximately 550; weight, 100 kgs; size large; coloration dark reddish brown; white ring around eyes and around borders of ears; inner portions of legs black on proximal half; tail reddish orange; males have four-pointed antlers, although older individuals may have more than four points on a side; ears large; elastic membrane between hooves that aids in locomotion on swampy substrates. **Identificación.**—Cabeza y cuerpo, 1800–1950; cola, 100–150; altura, 1100; astas, 550 aproximadamente; peso, 100 kgs; de tamaño grande; coloración pardo rojiza intensa; anillo de color blanco alrededor de los ojos y bordeando las orejas; mitad inferior de las piernas negras; cola naranja rojiza; los machos con astas ramificadas en cuatro puntas cada una, a veces más en individuos viejos; orejas grandes a modo de pantallas; membrana elástica entre las pezuñas, lo cual le da una mayor superficie para los terrenos blandos que habita.

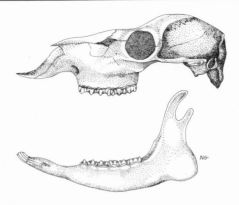

Habitat.—Swamps and other flooded zones; marshes in the chaco; savannas. **Habitat.**—Bañados y zonas inundables; esteros chaqueños; sabanas.

Habits.—Crepuscular, active in the early morning and evening; herbivorous; solitary or in groups of two to five individuals, at times in larger groups; during the reproductive period males are not excessively aggressive toward one another; breeding season occurs between October and November; gestation period approximately one year; a single young is born with adult coloration. **Hábitos.**—Crepusculares, activos en las primeras horas de la mañana y de la noche; herbívoros; solitarios o en grupos de dos a cinco individuos, a veces en tropas más numerosas; reducido enfrentamiento entre los machos durante la estación reproductiva; época de celo entre octubre y noviembre; período de gestación aproximadamente un año; dan a luz una cría de color similar al adulto.

Commentary.—This species is in danger of extinction. In Argentina the population is decimated, with only a few hundred individuals remaining in Buenos Aires Province. Its original distribution extended to the towns of Urundel, Embarcación, and Orán. Whether or not it is currently present in Salta is difficult to determine, although it may be restricted to the moist areas along the Río Pilcomayo, a region that is accessible only with difficulty. **Comentarios.**—Especie en peligro. En Argentina sus poblaciones han sido diezmadas, quedando unos cientos de ejemplares en la provincia de Buenos Aires. Anteriormente su distribución alcanzaba las localidades de Urundel, Embarcación y Orán. Su presencia en la actualidad es difícil de asegurar, pudiendo estar restringido a las inmediaciones del Río Pilcomayo, en áreas reducidas y de difícil acceso.

Mazama americana

Red Brocket Deer—Corzuela Roja

Identification.—Head-body, 1000–1240; height at shoulder, 600–700; antlers, 120; weight, 20 kg; coloration reddish brown; underside of tail white; neck and belly pale gray; legs slender; ears short; antlers simple, without branches and present only in males. **Identificación.**—Cabeza y cuerpo, 1000–1240; altura, 600–700; astas, 120; peso, 20 kg; coloración pardo rojiza; parte interna de la cola blanca; cuello y vientre grisáceo pálido; miembros delgados; orejas cortas; astas simples, sin ramificación en los machos.

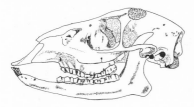
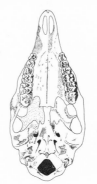
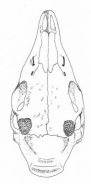

275

Habitat.—Mountainsides in moist forests; in zones of dense vegetation; at the borders of secondary forests in mountainous areas; cultivated areas in mountainous regions. **Habitat.**— Laderas de bosques húmedos; en zonas de vegetación densa; bordes de selva de crecimiento secundario; campos de cultivo.

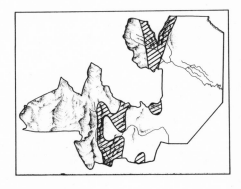

Habits.—Diurnal, principally active at dawn and dusk; herbivorous; generally solitary or in pairs; reproduces all year, especially in the months from December to April; gestation period approximately 200 days; a single young born, rarely two, and these have white spots. **Hábitos.**—Diurna, principalmente al amanecer y crepúsculo; herbívora; en parejas o solitaria; reproduce a lo largo de todo el año, especialmente en los meses de diciembre a abril; período de gestación aproximado, 200 días; da a luz una cría, raramente dos, manchadas de blanco.

Commentary.—This species is not frequently observed; its biology and social behavior are poorly known. Heavily hunted for its pelt and meat. Originally very common in the humid forests. **Comentarios.**—Especie difícil de observar; biología y comportamiento social poco conocidos. Muy perseguidos por la cacería descontrolada. Antes esta especie fué muy común en todos los bosques húmedos.

Mazama gouazoubira

Brown Brocket Deer—Corzuela Parda

Identification.—Head-body, 850–1050; height at shoulder, 650; antlers, 105; weight, 17 kg; smaller than *M. americana*; coloration grayish brown to reddish brown; males with simple antlers, unbranched; underside of tail white; pelage on flanks paler colored. **Identificación.**—Cabeza y cuerpo, 850–1050; altura, 650; astas, 105; peso, 17 kg; de menor tamaño que la corzuela roja; coloración pardo grisácea a marrón rojizo; machos con astas simples, sin ramificación; parte interna de la cola blanca; pelaje de los flancos más claro.

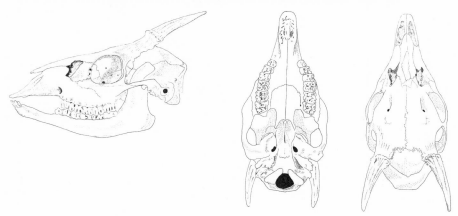

Habitat.—Chacoan forests; savannas and swampland; at the edge of secondary vegetation; transitional forests. **Habitat.**—Bosque chaqueño; sabanas y bañados; bordes de vegetación secundaria; bosque de transición.

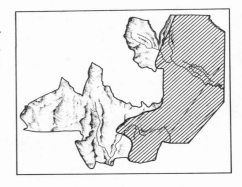

Habits.—Primarily active in the early morning and occasionally crepuscular; herbivorous; generally solitary; bounds rapidly away when disturbed. **Hábitos.**—En las primeras horas de la mañana y crepúsculo; herbívora; por lo general solitaria; ante una presencia extraña se desplaza dando saltos.

Commentary.—Commonly observed along the roads in the chaco. Heavily hunted. **Comentarios.**—Común de observar a lo largo de caminos del bosque chaqueño. Fuertemente cazada.

Ozotoceros bezoarticus

Pampas Deer—Ciervo de las Pampas

Identification.—Head-body, 1100–1300; tail, 120–150; height at shoulder, 600–750; antlers, 300; weight, 30–40 kgs; smaller than marsh deer; general coloration reddish brown to yellowish gray; eyes encircled by white ring; neck, belly, inner ears, and tail white; antlers of males three-pronged (marsh deer has more than three prongs), two prongs project forward, one projects back.

Identificación.—Cabeza y cuerpo, 1100–1300; cola, 120–150; altura, 600–750; astas, 300; peso, 30–40 kgs; de tamaño menor que el ciervo de los pantanos; coloración marrón rojiza a amarillo grisáceo; ojos rodeados por un anillo blanco; cuello, vientre, parte interna de las orejas y cola, blancas; machos con astas ramificadas en tres puntas (ciervo de los pantanos más de tres), dos hacia adelante, una hacia atrás.

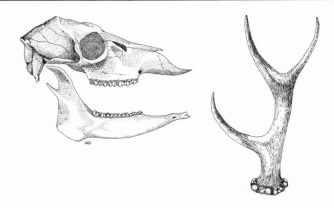

Habitat.—Savannas and open forests; regions bordering forested areas. **Habitat.**—Sabanas y bosque arbustivo abierto; bordes de monte bajo.

Habits.—Crepuscular or nocturnal; herbivorous; occurs in pairs, or as solitary individuals, or in troops of up to 24 individuals, depending on season; season during which antlers are shed varies, but occurs principally in May; females give birth to a single young; birth occurs in April in Buenos Aires (May, June, or October in Paraguay), September and October (in the chaco and the Mato Grosso); young have white spots at birth. **Hábitos.**—Crepuscular o nocturno; herbívoro; en parejas, solitario o en tropillas de hasta 24 o más individuos, dependiendo de la estación del año; época de caída de las astas variable, principalmente mayo; las hembras dan a luz una cría; la parición ocurre en los meses de abril (Buenos Aires), mayo, junio, octubre (Paraguay), septiembre y octubre (Chaco–Mato Grosso); crías manchadas de blanco al nacer.

Commentary.—This species is in danger of extinction. Although it was very abundant in earlier days, the actual status is poorly known in Salta Province. It may be limited only to the extreme southeast of the province along the border with Chaco Province. **Comentarios.**—Especie en peligro. Si bien ha sido abundante en otras épocas, su estado actual es desconocido dentro de la provincia. Su presencia puede estar restringida al extremo sureste y frontera con Chaco.

FAMILY CAMELIDAE

Guanaco, Vicuña

Size large; neck long; digitigrade (walking occurs on the first and second phalanges of the toes); upper lip split; gregarious; herbivorous; ruminants; stomach composed of three chambers; lower incisors projecting forward; diastema (space free of teeth between the canines and the premolars); postorbital bar complete; dental formula 1/3, 1/1, 2/1, 3/3 = 30.

Guanaco, Vicuña

Tamaño grande, cuello largo; digitígrados (apoyan la primera y segunda falange de los dedos en el suelo); labio superior partido; gregarios; herbívoros; rumiantes; estómago de tres cámaras; incisivos inferiores proyectados hacia adelante; diastema (espacio libre de dientes entre los caninos y premolares) presente; barra posorbital completa; fórmula dental 1/3, 1/1, 2/1, 3/3 = 30.

Lama guanicoe

Guanaco

Identification.—Head-body, 1020–1850; tail, 250–270; height at shoulder, 900–1100; weight, 70–100 kgs; dorsal coloration varies from dark brown to reddish, with white coloration on flanks, belly, and neck; pelage long; legs thin; the larger of the two camelids that exist in the wild (the other is the vicuña). **Identificación.**—Cabeza y cuerpo, 1020–1850; cola, 250–270; altura, 900–1100; peso, 70–100 kgs; cuerpo de color pardo oscuro a rojizo, con tonos blancos en los flancos, vientre y cuello; pelaje largo; miembros alargados; es el más grande de los dos camélidos que existen en estado silvestre (el otro es la vicuña).

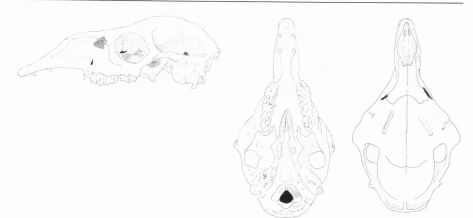

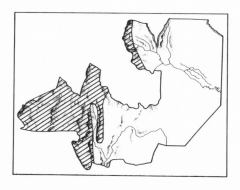

Habitat.—Precordillera and puna above 3500 meters; shrub steppes in the dry mountainous regions of Salta. **Habitat.**—Precordillera y puna desde los 3500 metros; estepas arbustivas.

Habits.—Diurnal; herbivorous; in groups of four to ten individuals dominated by a male (family group), also encountered in large groups of solitary males; during the afternoon the groups return to their sleeping places; groups migrate during certain times of the year; very rapid runners (have been clocked at 56 kph); occasionally will be seen foraging or at water holes with vicuñas and llamas; gestation period from 10 to 12.5 months; one young is born. **Hábitos.**—Diurno; herbívoro; en grupos de cuatro a diez individuos conducidos por un macho (grupo familiar); también se encuentran grupos numerosos de machos solitarios; durante el atardecer se retiran a sus dormideros; grupos que migran durante ciertas épocas del año; corre rápido (hasta 56 kph); en ocasiones se lo ve compartiendo su alimento y bebederos junto a vicuñas y llamas; período de gestación es de 10 a 12,5 meses; da a luz una cría.

Commentary.—One of the two wild camels that remain in the New World. In earlier days this species extended as far eastward as Buenos Aires. During the years 1976 through 1978, 89,300 skins of guanacos were exported from Argentina (without considering the weight of guanaco wool that was exported). In southern Argentina and in Patagonia, this species is considered very damaging to rangelands and is continually hunted. Although in Salta Province guanacos occur only in the high mountainous regions, in Patagonia they are common

at sea level. **Comentarios.**—Uno de los dos camélidos silvestres que existen en el Nuevo Mundo. Antiguamente se extendían hasta la provincia de Buenos Aires. Entre los años 1976 y 1978 se registraron 89.300 cueros en calidad de exportaciones, confecciones y otros (sin considerar los kilos en lana). En el sur de Argentina se los considera dañinos por su influencia sobre las pasturas reservadas para las ovejas, por lo que se les da caza en forma contínua. Aunque en el norte argentino son animales de altura, en la patagonia ocurren hasta el nivel del mar.

Vicugna vicugna

Vicuna—Vicuña

Identification.—Head-body, 1542; tail, 238; ear, 81; height at shoulder, 700–900; weight, 40–50 kg; smaller than the guanaco; general coloration brownish yellow to cinnamon with whitish coloration on flanks, belly, neck, and extremities; bib of long white hairs present underneath throat (the guanaco lacks this bib); pelage long and silky; ears long and pointed; lower incisors grow continuously. **Identificación.**—Cabeza y cuerpo, 1542; cola, 238; oreja, 81; altura, 700–900; peso, 40–50 kgs; de tamaño menor que el guanaco; coloración marrón amarillenta a canela, y una línea definida de tonos blancos en los flancos, vientre, cuello y extremidades; un mechón de pelos blancos en la parte inferior del cuello (el guanaco carece de este mechón); pelaje largo y sedoso; orejas grandes y punteagudas; incisivos inferiores de crecimiento continuo.

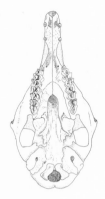
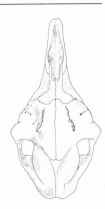

Habitat.—Puna; arid steppes and grasslands at high elevations (usually above 4000 meters). **Habitat.**—Puna; estepas áridas y pajonales de altura; arriba de los 4000 metros.

Habits.—Diurnal; herbivorous; in family groups made up of a single male, four females, and two young on the average (harem); other social groups made up of bands of males; family group shows definite territorial behavior, with foraging sites and

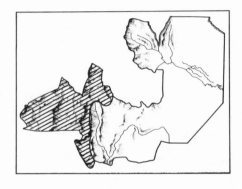

sleeping sites defended; the male regulates the size of the group by the acceptance or expulsion of other individuals; gestation period ten months; one young is born, rarely two; territories measure 17 ha on the average. **Hábitos.**—Diurna; herbívora; en grupos familiares compuestos por un macho, cuatro hembras y dos crías como promedio (harém); otro grupo social está constituido por machos formando tropas numerosas; el grupo familiar presenta características territoriales definidas, con sitios de alimentación, senderos y dormideros; el macho regula el tamaño del grupo mediante la expulsión o aceptación de individuos; período de gestación de diez meses; dan a luz una cría, raramente dos; el territorio mide 17 ha de promedio.

Commentary.—Difficult to localize at a distance because of its protective coloration. Currently it is in danger of extinction. The participation of Peru, Bolivia, Chile, and Argentina in several international agreements and in constructing reserves for this camelid has been a fundamental factor in its preservation and in controlling hunting. Nevertheless, the animals are still commonly used in the preparation of native textiles. **Comentarios.**—Difíciles de

localizar a la distancia por su coloración protectora. Especie en peligro de extinción. La participación de Perú, Bolivia, Chile y Argentina a través de convenios y reservas para este camélido ha sido fundamental en el aumento progresivo de sus números y control de la caza. El establecimiento de una vieja manufactura de su lana en la confección de distintas prendas, aún persiste.

APPENDIX 1.—CHECKLIST OF THE MAMMALS OF SALTA PROVINCE.

APENDICE 1.—LISTA DE LOS MAMIFEROS DE SALTA.

Order Marsupialia

FAMILY DIDELPHIDAE

Didelphis albiventris (white-eared opossum, comadreja común)
Lutreolina crassicaudata (little water opossum, comadreja colorada)
Marmosa constantiae (bay-colored mouse opossum, marmosa grande bayo)
Marmosa elegans (elegant mouse opossum, marmosa elegante)
Marmosa pusilla (common mouse opossum, marmosa común)
Monodelphis dimidiata (short-tailed opossum, colicorto pampeano)

Order Chiroptera

FAMILY NOCTILIONIDAE

Noctilio leporinus (greater bulldog bat, murciélago pescador grande)

FAMILY PHYLLOSTOMIDAE

Anoura caudifer (tailless long-nosed bat, murciélago hocicudo lenguilargo)
Artibeus planirostris (flat-faced fruit-eating bat, falso vampiro grande)
Chrotopterus auritus (Peters' woolly false vampire bat, falso vampiro orejón)
Desmodus rotundus (vampire bat, vampiro)
Diaemus youngii (white-winged vampire bat, vampiro de alas blancas)
Glossophaga soricina (Pallas' long-tongued bat, falso vampiro soricitero)
Pygoderma bilabiatum (Ipanema bat, falso vampiro penacho blanco)
Sturnira erythromos (small yellow-shouldered bat, falso vampiro flor de lis menor)
Sturnira lilium (yellow-shouldered bat, falso vampiro flor de lis)
Sturnira oporaphilum (large yellow-shouldered bat, falso vampiro flor de lis mayor)
Tonatia bidens (Spix's round-eared bat, falso vampiro oreja redonda grande)

FAMILY VESPERTILIONIDAE

Eptesicus diminutus (diminutive brown bat, murciélago tostado enano)
Eptesicus furinalis (Argentine brown bat, murciélago parduzco)
Histiotus macrotus (big-eared brown bat, murciélago orejón grande)
Lasiurus borealis (red bat, murciélago rojizo)
Lasiurus cinereus (hoary bat, murciélago blancuzco)
Myotis albescens (silver-tipped myotis, myotis blancuzco)

Myotis keaysi (hairy-legged myotis, myotis piernas peludas)
Myotis levis (common myotis, myotis común)
Myotis nigricans (black myotis, myotis castaño)
FAMILY MOLOSSIDAE
    Cynomops planirostris (southern dog-faced bat, moloso de hocico chato)
    Eumops bonariensis (Peters' mastiff bat, moloso orejiancho)
    Eumops glaucinus (Wagner's mastiff bat, moloso blanquecino)
    Eumops perotis (greater mastiff bat, moloso gigante)
    Molossops temminckii (dwarf dog-faced bat, moloso pigmeo)
    Molossus ater (red mastiff bat, moloso castaño grande)
    Molossus molossus (Pallas' mastiff bat, moloso coludo)
    Nyctinomops laticaudatus (broad-tailed bat, moloso cola de ratón mediano)
    Nyctinomops macrotis (big free-tailed bat, moloso cola de ratón grande)
    Promops nasutus (brown mastiff bat, moloso moreno)
    Tadarida brasiliensis (guano bat, moloso común)

Order Primates

FAMILY CEBIDAE
    Alouatta caraya (black howler, mono aullador negro)
    Cebus apella (black-capped capuchin, mono común)

Order Xenarthra

FAMILY MYRMECOPHAGIDAE
    Myrmecophaga tridactyla (giant anteater, oso hormiguero)
    Tamandua tetradactyla (collared anteater, oso melero)
FAMILY DASYPODIDAE
    Chaetophractus vellerosus (screaming armadillo, quirquincho chico)
    Chlamyphorus retusus (chacoan fairy armadillo, pichi-ciego chaqueño)
    Dasypus novemcinctus (common long-nosed armadillo, mulita grande)
    Dasypus septemcinctus (seven-banded armadillo, mulita común)
    Euphractus sexcinctus (six-banded armadillo, gualacate)
    Priodontes maximus (giant armadillo, tatú carreta)
    Tolypeutes matacus (southern three-banded armadillo, quirquincho bola)

Order Lagomorpha

FAMILY LEPORIDAE
    Sylvilagus brasiliensis (forest rabbit, tapití)

Order Rodentia

FAMILY SCIURIDAE
    Sciurus ignitus (yungas forest squirrel, ardilla roja)
FAMILY MURIDAE
    Akodon albiventer (white-bellied grass mouse, ratón ventriblanco)

Akodon andinus (Andean grass mouse, ratón andino)
Akodon boliviensis (Bolivian grass mouse, ratón plomizo)
Akodon varius (variable grass mouse, ratón variado)
Andinomys edax (Andean rat, rata andina)
Auliscomys sublimis (Andean leaf-eared mouse, pericote andino)
Calomys callosus (large vesper mouse, laucha grande)
Calomys laucha (vesper mouse, laucha chica)
Eligmodontia moreni (monte gerbil mouse, laucha coligarga bayo del monte)
Eligmodontia puerulus (Andean gerbil mouse, laucha colilarga)
Graomys domorum (pale leaf-eared mouse, pericote pálido)
Graomys griseoflavus (gray leaf-eared mouse, pericote común)
Holochilus brasiliensis (marsh rat, rata nutria o colorada)
Oryzomys chacoensis (chacoan rice rat, colilargo chaqueño)
Oryzomys legatus (large-headed rice rat, colilargo acanelado)
Oryzomys longicaudatus (common rice rat, colilargo común)
Oxymycterus paramensis (burrowing mouse, hocicudo parameño)
Phyllotis darwini (Darwin's leaf-eared mouse, pericote panza gris)
Rhipidomys leucodactylus (white-footed climbing mouse, colilargo peludo)
FAMILY ERETHIZONTIDAE
Coendou prehensilis (prehensile-tailed porcupine, coendú grande)
FAMILY CAVIIDAE
Galea musteloides (common yellow-toothed cavy, cuis común)
Microcavia australis (southern dwarf cavy, cuis chico)
Microcavia shiptoni (Andean dwarf cavy, cuis andino)
Pediolagus salinicola (chacoan cavy, conejo del palo)
FAMILY HYDROCHAERIDAE
Hydrochaeris hydrochaeris (capybara, carpincho)
FAMILY DASYPROCTIDAE
Dasyprocta punctata (agouti, agutí rojizo)
FAMILY CHINCHILLIDAE
Chinchilla brevicaudata (greater chinchilla, chinchilla grande)
Lagidium viscacia (mountain vizcacha, chinchillón, vizcacha serrana)
Lagostomus maximus (plains vizcacha, vizcacha)
FAMILY MYOCASTORIDAE
Myocastor coypus (nutria, coypo, nutria)
FAMILY OCTODONTIDAE
Octodontomys gliroides (brush-tailed vizcacha rat, rata cola de pincel)
FAMILY CTENOMYIDAE
Ctenomys frater (forest tucu-tuco, tucu-tuco colorado)
Ctenomys mendocinus (Mendoza tucu-tuco, tucu-tuco mendocino)
Ctenomys opimus (highland tucu-tuco, tucu-tuco tojo)
Ctenomys saltarius (Salta tucu-tuco, tucu-tuco salteño)
FAMILY ABROCOMIDAE
Abrocoma cinerea (chinchilla rat, rata chinchilla)

Order Carnivora

FAMILY CANIDAE
  Cerdocyon thous (forest fox, zorro de monte)
  Dusicyon culpaeus (Andean red fox, zorro colorado)
  Dusicyon griseus (Argentine gray fox, zorro chico, zorro gris)
  Dusicyon gymnocercus (pampa fox, zorro pampa)
FAMILY PROCYONIDAE
  Nasua nasua (southern coati, coatí)
  Procyon cancrivorus (crab-eating raccoon, osito lavador o mayuato)
FAMILY MUSTELIDAE
  Conepatus chinga (common hog-nosed skunk, zorrino común)
  Eira barbara (tayra, hurón mayor)
  Galictis cuja (lesser grison, hurón menor)
  Lutra longicaudis (southern river otter, lobito de río común)
  Lyncodon patagonicus (Patagonian weasel, huroncito)
FAMILY FELIDAE
  Felis colocolo (pampas cat, gato de los pajonales)
  Felis concolor (mountain lion, puma, león americano)
  Felis geoffroyi (Geoffroy's cat, gato montés)
  Felis onca (jaguar, jaguar, yaguareté, tigre americano)
  Felis tigrina (little spotted cat, gato tigre, chiví)
  Felis wiedii (margay, gato pintado)
  Felis yagouaroundi (jaguarundi, gato eira, moro)

Order Perissodactyla

FAMILY TAPIRIDAE
  Tapirus terrestris (Brazilian tapir, tapir, anta)

Order Artiodactyla

FAMILY TAYASSUIDAE
  Catagonus wagneri (chacoan peccary, chancho quimilero)
  Tayassu tajacu (collared peccary, pecarí de collar)
FAMILY CERVIDAE
  Blastoceros dichotomus (marsh deer, ciervo de los patanos)
  Mazama americana (red brocket deer, corzuela roja)
  Mazama gouazoubira (brown brocket deer, corzuela parda)
  Ozotoceros bezoarticus (pampas deer, ciervo de las pampas)
FAMILY CAMELIDAE
  Lama guanicoe (guanaco)
  Vicugna vicugna (vicuña)

APPENDIX 2.—LIST OF MAMMALS OF PROBABLE OCCURRENCE IN SALTA PROVINCE.

APENDICE 2.—LISTA DE MAMIFEROS DE PROBABLE OCURRENCIA EN SALTA.

Order Marsupialia

FAMILY DIDELPHIDAE
Monodelphis kunsi

Order Chiroptera

FAMILY NOCTILIONIDAE
Noctilio albiventris
FAMILY PHYLLOSTOMIDAE
Phyllostomus discolor
FAMILY VESPERTILIONIDAE
Eptesicus brasiliensis
Lasiurus ega
FAMILY MOLOSSIDAE
Eumops abrassus

Order Edentata

FAMILY BRADYPODIDAE
Bradypus variegatus
FAMILY DASYPODIDAE
Chaetophractus villosus
Cabassous chacoensis
Dasypus hybridus

Order Rodentia

FAMILY MURIDAE
Oryzomys concolor
Oryzomys flavescens

Akodon caenosus
Akodon budini
Akodon jelskii
Bolomys lenguarum
Calomys lepidus
Phyllotis osilae
Phyllotis caprinus
Neotomys ebriosus
FAMILY CAVIIDAE
Cavia tschudi
FAMILY ERETHIZONTIDAE
Coendou bicolor

Order Carnivora

FAMILY URSIDAE
Tremarctos ornatus
FAMILY FELIDAE
Felis jacobita
Felis pardalis

Order Artiodactyla

FAMILY TAYASSUIDAE
Tayassu pecari
FAMILY CERVIDAE
Hippocamelus antisensis

RECOMMENDED READINGS
BIBLIOGRAFIA ADICIONAL

Anderson, S., K. F. Koopman, and G. K. Creighton. 1982. Bats of Bolivia: an annotated checklist. American Museum Novitates, 2750:1–24.

Barquez, R. M. 1988. Los murciélagos de Argentina. Ph.D. diss., Universidad Nacional de Tucumán, 527 pp.

Bianchini, J. J., H. Delupi, and H. A. Regidor. 1987. Manual de métodos de campo para el estudio de los mamíferos. Universidad Nacional de La Plata, Facultad de Ciencias Naturales y Museo, La Plata, Argentina, 56 pp.

Budin, O. A. 1982. Taxidermia y captura de mamíferos. Ministerio de Cultura y Educación, Fundación Miguel Lillo, Tucumán, Argentina, 35 pp.

Cabrera, A., and J. Yepes. 1940. Mamíferos Sud Americanos (vida, costumbres y descripción). Historia Natural Ediar, Compañia Argentina de Editores, Buenos Aires, 370 pp.

Crespo, J. A. 1944. Contribución al conocimiento de la ecología de algunos dasi-pódidos (Edentata) argentinos. Revista Argentino de Zoogeografía, 4:7–39.

Crespo, J. A., and J. M. de Carlo. 1963. Estudio ecológico de una población de zorros colorados (*Dusicyon culpaeus culpaeus* Molina) en el oeste de la provincia de Neuquén. Revista del Museo Argentino de Ciencias Naturales "Bernardino Rivadavia," 1:1–55.

De Blase, A. F., and R. E. Martin. 1981. A manual of mammalogy with keys to families of the world. 2d Edition. Wm. C. Brown Co., Dubuque, Iowa, 436 pp.

Greer, J. K. 1965. Mammals of Malleco Province, Chile. Publications of the Museum, Michigan State University, Biological Series, 3:51–151.

Hershkovitz, P. 1972. The Recent mammals of the Neotropical Region: a zoo-geographic and ecological review. Pages 311–431, *in* Evolution, mammals, and southern continents (A. Keast, F. C. Erk, and B. Glass, eds.), State University of New York Press, Albany.

Husson, A. M. 1978. The mammals of Suriname. Zoological Monographs, Rijksmuseum Natural History, 2:1–569.

Langguth, A., and S. Anderson. 1980. Manual de identificación de los mamíferos del Uruguay. Dirección General de Extensión Universitaria, Universidad de la República, Facultad de Humanidades y Ciencias, Departamento de Zoología de los Vertebrados, Montevideo, 65 pp.

Linares, O. J. 1986. Murciélagos de Venezuela. Cuadernos Lagoven, Filial de Petróleas de Venezuela, S.A., Apartado 889, Caracas 1010-A, 120 pp.

Llanos, A. C. 1947. Informe sobre la ecología de los roedores indígenas de Chilecito. Instituto Sanidad Vegetal, Ministerio de Agricultura Nacional (A), 3:1–55.

Mann, F. G. 1978. Los pequeños mamíferos de Chile (marsupiales, quirópteros, edentados y roedores). Gayana Zoología, 40:1–342.

Mares, M. A., and H. H. Genoways. (eds.). 1982. Mammalian biology in South America. Pymatuning Laboratory of Ecology, Special Publications No. 6, Linesville, Pennsylvania, 539 pp.

Mares, M. A., and R. A. Ojeda. 1984. Faunal commercialization and conservation in South America. BioScience, 34:580–584.

Mares, M. A., R. A. Ojeda, and M. P. Kosco. 1981. Observations on the distribution and ecology of the mammals of Salta Province, Argentina. Annals of the Carnegie Museum, 50:151–206.

Massoia, E. 1976. Mammalia. Pp. 1–128, in Fauna de agua dulce de la República Argentina, Vol. 44, Fundación Educación, Ciencia y Cultura, Buenos Aires.

Montes, G., and M. A. Palermo. (eds.). 1984. Mamíferos: fauna Argentina. Centro Editor de América Latina, S.A., Buenos Aires, 198 pp.

Nowak, R. M., and J. L. Paradiso. (eds.). 1983. Walker's mammals of the world. 4th Edition. Johns Hopkins University Press, Baltimore, 2 vols., 1362 + xxv.

Ojeda, R. A., and M. A. Mares. 1984. La degradación de los recursos naturales y la fauna silvestre en Argentina. Interciencia, 9:21–26.

Ojeda, R. A., and M. A. Mares. 1989. A biogeographic analysis of the mammals of Salta Province, Argentina: patterns of community assemblage in the Neotropics. Special Publications, The Museum, Texas Tech University, 27:1–66.

Olrog, C. C., and M. M. Lucero. 1981. Guía de los mamíferos argentinos. Ministerio de Cultura y Educación, Fundación Miguel Lillo, Tucumán, Argentina, 151 pp.

Pearson, O. P. 1951. Mammals in the highlands of Peru. Bulletin Museum of Comparative Zoology, 106:117–174.

Pearson, O. P. 1959. Biology of the subterranean rodents, Ctenomys, in Peru. Memorias del Museo de Historia Natural "Javier Prado," 9:1–56.

Silva, F. 1984. Mamíferos silvestres. Fundacão Zoobotânica do Rio Grande do Sul, Porto Alegre, Brazil, 246 pp.

Ximenez, A., A. Langguth, and R. Praderi. 1972. Lista sistemática de los mamíferos del Uruguay. Anales del Museo de Historia Natural de Montevideo, ser. 2, 7:1–49.

INDEX

INDICE

297